RECONTANDO HISTÓRIAS NA ESCOLA

RECONTANDO HISTÓRIAS
NA ESCOLA
Gêneros discursivos e produção da escrita

Sandoval Nonato Gomes-Santos

Martins Fontes
São Paulo 2003

Copyright © 2003, Livraria Martins Fontes Editora Ltda.,
São Paulo, para a presente edição.

1ª edição
maio de 2003

Acompanhamento editorial
Helena Guimarães Bittencourt
Preparação do original
Célia Regina Camargo
Revisão gráfica
Sandra Garcia Cortes
Rita de Cassia Sorrocha Pereira
Produção gráfica
Geraldo Alves
Paginação/Fotolitos
Studio 3 Desenvolvimento Editorial

Dados Internacionais de Catalogação na Publicação (CIP)
(Câmara Brasileira do Livro, SP, Brasil)

Gomes-Santos, Sandoval Nonato
  Recontando histórias na escola : gêneros discursivos e produção da escrita / Sandoval Nonato Gomes-Santos. – São Paulo : Martins Fontes, 2003. – (Texto e linguagem)

Bibliografia.
ISBN 85-336-1755-0

1. Análise do discurso narrativo 2. Arte de contar histórias 3. Escrita 4. Histórias para crianças 5. Textos infantis I. Título. II. Título: Gêneros discursivos e produção da escrita. III. Série.

03-1916 CDD-401.41

Índices para catálogo sistemático:
1. Escrita : Produção : Recontagem de histórias : Gêneros discursivos : Linguagem : Filosofia 401.41
2. Recontagem de histórias : Produção da escrita : Gêneros discursivos : Linguagem : Filosofia 401.41

Todos os direitos desta edição reservados à
Livraria Martins Fontes Editora Ltda.
Rua Conselheiro Ramalho, 330/340 01325-000 São Paulo SP Brasil
Tel. (11) 3241.3677 Fax (11) 3105.6867
e-mail: info@martinsfontes.com.br http://www.martinsfontes.com.br

Índice

Agradecimentos **XI**
Apresentação **XIII**
Introdução **1**

Capítulo 1 Os estudos sobre aquisição e ensino da escrita no Brasil: gêneros discursivos e escrita **9**
    1.1. Problematizando o conceito de gênero discursivo **16**
        1.1.1. Para uma abordagem didático-pedagógica do conceito de gênero: escolarização e normatização legal **23**
        1.1.2. As percepções do "Grupo de Genebra" **25**

Capítulo 2 Para uma conceituação de gênero discursivo: gêneros, acontecimento enunciativo e circulação imaginária **31**
    2.1. Dialogia, gêneros discursivos e estilo em Bakhtin **31**
    2.2. O enunciado concreto e o conceito de gêneros do discurso **33**

2.3. Os gêneros do discurso e o problema do estilo **34**
2.4. Uma interpretação do conceito de gêneros em Bakhtin: algumas considerações complementares **36**
2.5. Da conceituação **39**
2.6. O conceito de *transparência semiótica* em Sercovich **41**
2.7. O conceito de *identificação imaginária* em Pêcheux **44**
2.8. O modo heterogêneo de constituição da escrita **48**

Capítulo 3 Recontando histórias – um evento de produção escolar da escrita **53**
   3.1. O que é "recontar uma história": a narratividade como princípio enunciativo **63**
   3.2. A constituição do *corpus* **67**
   3.3. O tratamento dos dados **68**
   3.4. O *paradigma indiciário* como referencial metodológico no tratamento dos dados **70**
   3.5. Para uma caracterização enunciativo-discursiva dos gêneros **75**
      3.5.1. *De princesas, meninas, lobos e cobras:* considerações sobre os gêneros "contos de fadas" e "lendas" **77**
      3.5.2. Os gestos enunciativos do professor e o gênero *instruções para a atividade de produção escrita* **86**
         3.5.2.1. "De quando Chapeuzinho tornou-se Amarelo e o lobo virou bolo": recontando as histórias de "Chapeuzinho Vermelho" e de "Chapeuzinho Amarelo" **87**

3.5.2.2. "De quando a Índia tornou-se Cobra": recontando a lenda "A Cobra Grande" **90**
3.6. Síntese complementar **94**
3.7. Uma última parada **96**

Capítulo 4 Os gestos enunciativos indiciados nos produtos: os textos produzidos **99**
    4.1. Modos de circulação dialógica pelo gênero *instruções* **99**
        4.1.1. Recontando os contos "Chapeuzinho Vermelho" e "Chapeuzinho Amarelo": o gênero *instruções* e os textos produzidos **101**
        4.1.2. Recontando a lenda "A Cobra Grande": o gênero *instruções* e os textos produzidos **114**
        4.1.3. Quadro-síntese da análise **124**
        4.1.4. Síntese complementar **125**
    4.2. Modos de circulação dialógica nas marcas lingüísticas **130**
        4.2.1. Marcas que indiciam a circulação dialógica pela tradição oral **130**
            4.2.1.1. Marcas que remetem à temporalidade indefinida da tradição oral **130**
            4.2.1.2. Marcas que remetem a um modo particular de configuração seqüencial das histórias contadas **133**
        4.2.2. Marcas que indiciam a circulação dialógica pela institucionalização da tradição oral por meio da escrita e da escola **139**
            4.2.2.1. O escrito em seu caráter *genético* **139**

4.2.2.2. O escrito como *código institucionalizado* **145**
4.2.3. Quadro-síntese da análise **147**
4.2.4. Síntese complementar **148**

Capítulo 5 Observações finais **149**

Bibliografia **161**

Para a d. Maria,
que reconta histórias povoadas de sabedoria.

Ao Sandoval – *in memoriam* –
e à intraduzível presença de sua doce ausência.

Agradecimentos

Tarefa difícil a de *recontar*, sob forma de gratidão, o conjunto de contribuições implicadas na realização deste estudo. A possibilidade mesma de sua existência se deve, em grande parte,

> à professora Raquel Salek Fiad, leitora atenta das várias versões deste trabalho, sempre disposta a interpretar dúvidas e incentivar questionamentos;
>
> aos meus alunos e aos colegas do Núcleo Pedagógico Integrado – Escola de Aplicação da Universidade Federal do Pará;
>
> aos professores Maria Laura Mayrink-Sabinson, Manoel Luiz Gonçalves Corrêa e Ingedore G. Villaça Koch, pelas diferentes considerações sobre este texto;
>
> aos meus amigos e a minha família, pela compreensão das ausências provisórias.

Apresentação

Escrever uma apresentação é um privilégio, mas uma tarefa difícil: como leitora primeira, tenho a tarefa de apresentar um texto a outros leitores. Acreditando que não devo repetir aqui o que o trabalho já tão bem expõe, opto por contextualizá-lo em um conjunto de pesquisas, preocupações, interesses, nos quais se insere, caracterizado aqui como "aquisição e ensino da escrita".

Alguns indicadores apontam para um aumento, na última década, da pesquisa sobre aquisição e ensino da escrita: livros publicados, teses e dissertações defendidas, trabalhos apresentados em congressos, números temáticos de periódicos, tudo isso falando de produção acadêmica no Brasil. Tentando olhar um pouco mais cuidadosamente para esses indicadores, há algum tempo propus a um grupo de alunos de pós-graduação um levantamento que tentasse traduzir um pouco o estado da arte da questão, já que, até então, tudo não passava de uma observação pessoal. Esse trabalho despretensioso e limitado não nos trouxe surpresas, mas esclareceu algumas coisas. Após o exame de uma pequena parte da produção feita no país – teses/dissertações defendidas em dois programas de pós-graduação e artigos publicados em quatro periódicos nacionais, ambos de 1978 a 1997 –, ficou visível que o interesse pelo tema cresceu muito na década de 90, com pesquisas que enfocam aspectos textuais-discursivos da produção escrita em situação de aquisição/ensino. São trabalhos que buscam entender principalmente o processo de aquisição da escrita, fundamentados em teorias do texto e do discurso já em circulação, há algum tempo, no país.

Não há dúvida de que a contribuição das teorias lingüísticas do texto e do discurso foi fundamental para que se passasse a pensar na escrita de aprendizes com um deslocamento das preocupações anteriores, que ora focalizavam os erros cometidos (principalmente os ortográficos e estritamente gramaticais), ora enfatizavam aspectos psicomotores e cognitivos da aprendizagem da escrita. Se essa contribuição começou a ser visível em inícios da década de 80, com alguns trabalhos que se tornaram clássicos devido à nova abordagem, na década seguinte ficou consolidada. Naquele momento, os estudos e as discussões sobre texto e discurso já haviam se deslocado das análises de textos e discursos padrões para as produções de aprendizes, com suas instabilidades, singularidades, idiossincrasias, que estavam exigindo análises e explicações impossíveis de serem formuladas sem as teorias atuais.

No entanto, as contribuições não se dão em apenas uma direção. As análises da escrita, tanto em seus momentos iniciais como nos momentos seguintes de sua aquisição, têm provocado inúmeras reflexões sobre alguns conceitos e formulações teóricas advindos das teorias lingüísticas. Os dados de aquisição da escrita, principalmente os obtidos em situações não experimentais, trazem marcas de uma situação de grande e natural instabilidade. São situações-limite em que a linguagem se constitui em objeto de visível manipulação. A partir dessas situações, indagações teóricas – como a relação do sujeito com a linguagem, a regularidade *versus* o particular, a relação oral-escrito – passam a ser rediscutidas, redimensionadas, revistas.

Uma noção teórica que tem sido retomada em trabalhos recentes de aquisição da escrita é a de gênero discursivo.

Retomada que inclui trabalhos de lingüística teórica e aplicada bem como produções voltadas diretamente ao ensino de língua, como os Parâmetros Curriculares Nacionais e os critérios de avaliação de livros didáticos elaborados pelo MEC. A reflexão feita por Bakhtin tem orientado grande parte dos estudos desenvolvidos no país, provocando não só uma discussão das particularidades do gênero do discurso apontadas por esse autor, mas também uma interpretação de suas idéias visando a sua aplicação a situações de ensino da escrita.

O trabalho de Sandoval representa, com bastante originalidade e crítica, o uso do conceito de gênero discursivo para a discussão de uma situação de produção escolar da escrita. Sandoval problematiza o conceito conforme formulado na reflexão bakhtiniana, associando-o à noção de acontecimento enunciativo, o que significou a recusa do conceito de gênero exclusivamente através das características internas de um texto, o que seria completamente reducionista em relação à conceituação de Bakhtin. Para Sandoval é essencial manter o que é próprio da constituição sócio-histórica dos gêneros: o sujeito e sua inscrição em enunciações sócio-historicamente definidas.

A análise dos trinta textos infantis permitiu discutir a impossibilidade de se postular uma delimitação absoluta entre os gêneros. Os textos infantis, pela sua natureza híbrida e mutante, contribuem para a caracterização dos gêneros discursivos como *relativamente estáveis* e reforçam a visão dinâmica de constituição dos gêneros, que pressupõe a própria relação intergenérica.

O trabalho aqui apresentado mostra, ainda, outras possíveis articulações, sem reducionismos: entre pesquisa e ensino, entre o pesquisador e o professor, entre textos e dados. Na análise empreendida, os textos produzidos em sala de aula se transformaram em dados, selecionados pelo olhar do professor-pesquisador, desdobrados em reflexões que apontam para novas abordagens à produção escrita escolar.

É um trabalho exemplar no contexto que apresentei brevemente. Tive o prazer de acompanhá-lo durante sua elaboração primeira, em forma de dissertação de mestrado. As inquietações provocadas pelas discussões sobre conceitos, dados e análises foram momentos privilegiados, que o leitor deste livro terá, agora, a oportunidade de compartilhar.

Raquel Salek Fiad

Introdução

Compreender os modos de constituição da relação de escreventes-alunos com a tarefa de produzir textos na escola é o que consideramos motivação primeira deste estudo. Questão bastante recorrente nos trabalhos sobre aquisição e ensino da escrita, a discussão sobre esse problema ganha, aqui, particularidades pelo recurso que fazemos ao conceito de *gênero discursivo*. Acreditamos ser esse um conceito produtivo[1] para a caracterização da relação que escreventes-alunos, em eventos escolares de produção da escrita, mantêm com a linguagem, visto que por meio dele podemos tratar dessa relação, de um lado, evitando a simples descrição de configurações textuais a partir de categorias preestabelecidas nos estudos sobre escrita e diretamente aplicáveis a textos tomados como *produtos* e, de outro, problematizando essa relação pela consideração da dinâmica das práticas de leitura–escrita em contexto escolar.

Assim, o conceito de gênero, deslocado do lugar teórico em que historicamente tem circulado – sobretudo os estudos

---

1. Por ocasião do Colloque Internacional "Catégories descriptives pour le texte", realizado em junho de 2002, em Dijon (França), D. Maingueneau afirma que a *categoria* de gênero se localiza na articulação entre a ordem do texto e a ordem do discurso: trata-se, nessa direção, de uma categoria à qual a análise do discurso é obrigada a conferir um *papel central*.

literários – e passando a ser considerado no conjunto das diferentes *esferas da atividade humana*, conforme propôs Bakhtin [1952-3] (1997), pode nos ajudar a compreender a escrita escolar em sua relação dialógica com os modos de leitura prestigiados na escola, com os textos que circulam nesse espaço, com as instruções que tentam orientar as práticas de leitura–escrita, entre outros aspectos. Pela reflexão bakhtiniana, gênero deixa de ser definido somente pela estrutura interna do texto e passa a ser abordado como um modo de organização do acontecimento enunciativo, acontecimento materializado em formas *relativamente estáveis de enunciados* necessárias ao estabelecimento da *interação verbal* (Bakhtin, *op. cit.*, p. 279), pois, como sugere Bakhtin, quando enunciamos, sempre o fazemos no domínio de um determinado gênero. Em outros termos, podemos tomar os gêneros discursivos como modos de organização–estabilização de práticas enunciativas de diversas ordens. Eles teriam um caráter retrospectivo, já que se ligam a eventos enunciativos que, de modo mais ou menos flexível, tentam estabilizar. Teriam, além disso, um caráter também prospectivo, uma vez que servem de dispositivo de comunicação necessário para o estabelecimento da interação verbal. Se pensarmos, por exemplo, no gênero "artigo acadêmico", poderíamos supor que, ao mesmo tempo que organiza o exercício institucional de divulgação científica, funciona como um parâmetro reconhecível como tal pelos indivíduos que integram, nesse caso, o mundo acadêmico: parece ser razoavelmente simples para esses indivíduos reconhecer esse gênero, diferenciando-o de uma bula de medicamento, por exemplo. É óbvio que esse reconhecimento não é casual, mas legitimado pelo lugar em que se constituiu historicamente o gênero em questão.

Assim, embora estejam sistematicamente associados a determinadas formas, os gêneros discursivos, por sua constituição sócio-histórica, adquirem uma dinâmica que é sempre dialógica. Não são, portanto, uma estrutura fechada em si mesma, já que, constituídos no interior de enunciações sócio-historicamente condicionadas, trazem, como diria Foucault [1971] (1996: 26), o *novo* não "no que é dito, mas no acontecimento de sua volta".

A partir da percepção de Bakhtin [1929] (1979) sobre o modo dialógico de constituição da linguagem, proporemos considerar a escrita escolar como da ordem da *circulação imaginária* de escreventes-alunos por diversos gêneros que circulam na escola (como sugere, em um outro contexto de análise, o trabalho de Corrêa, 1997). Assim, embora seja verdade que os gêneros se constituem como modos de organização do acontecimento discursivo, chegando a cristalizar mais ou menos os enunciados de eventos diversos de enunciação, parece ser também adequado pensar que a circulação dos indivíduos pelos gêneros, em eventos de produção escolar da escrita, não é sempre linear, sistemática, absolutamente previsível: trata-se de uma circulação constituída do imaginário dos escreventes pelo que supõem ser a tarefa escolar de escrever, da posição-professor de que decorrem as regras do ritual pedagógico de produção de textos, da língua escrita em que preferencialmente estão materializados os vários gêneros que circulam na escola etc.

Desse modo, ainda que a reprodução de certos modelos textuais, de certas formas típicas de enunciados, seja constitutiva da enunciação via gêneros discursivos – o que é necessário para que haja o mínimo de trocas interativas entre os indivíduos –, essa reprodução não se dá no domínio de estabilidades referenciais (relação direta sujeito–objeto), mas no domínio da relação sujeitos–discursos. Nesse sentido, ao serem considerados constitutivos de processos discursivos em que se inscrevem os sujeitos para produzir sentido, os gêneros aparecem como espaço privilegiado de problematização teórica do processo de aquisição e ensino da escrita na escola.

Os trinta textos que formam nosso *corpus* de análise foram produzidos por alunos de segunda série do ensino fundamental no âmbito de uma atividade de produção escrita escolar denominada *Recontando histórias*. Isso, de início, já representa um dado relevante porque nos possibilitará tomar os textos produzidos pelos alunos como o lugar de constituição de relações intertextuais com vários outros textos ou, para usar uma metáfora de Bakhtin, como "una gota en el río de la comunicación verbal, río ininterrumpido, así como es ininterrumpida la vida social misma, la historia misma" (Bakhtin, [1929] 1998: 44).

A constituição desse *corpus* tem início bem antes de qualquer pretensão nossa de alçá-lo à condição particular de material de pesquisa acadêmica. Antes, portanto, de se configurarem nos limites teórico-metodológicos particulares decorrentes de sua assunção ao estatuto de "*corpus* de pesquisa" – com todas as implicações que daí decorrem –, os textos de que nos ocupamos neste estudo já tinham uma história de circulação dentro do funcionamento das práticas de ensino do português em turmas de segunda série do ensino fundamental de uma escola pública de Belém, no estado do Pará: o Núcleo Pedagógico Integrado (NPI), Escola de Aplicação da Universidade Federal do Pará (UFPA).

Na época da produção dos textos (1995 e 1996), havia uma preocupação, nem sempre explicitamente demonstrada, dos professores que atuavam com turmas de segunda série – portanto, com alunos que, em média, estavam na faixa etária de sete a oito anos – no que diz respeito à necessidade de incentivar os alunos ao "gosto pela leitura" e à prática de produção de textos, além de trabalhar o conteúdo gramatical *no texto*, ou seja, segundo a perspectiva de que o ensino da nomenclatura gramatical estaria sempre *ancorado* em fragmentos de um texto já lido e comentado por professor e alunos. Esse procedimento era, em geral, denominado *gramática do texto* ou *contextualização da gramática*.

O evento *Recontando histórias* estava inserido no contexto dessas práticas de ensino do português e constituía o princípio norteador da produção de textos, apesar de não estar sistematizado explicitamente nos *planos de curso* nem de ser colocado de forma clara nos diálogos que os professores eventualmente travavam. Parece-nos significativo que, mais ou menos conscientemente, havia o interesse em dar um sentido à produção de textos por meio da contextualização dessa atividade: já não se pedia aos alunos que produzissem um texto a partir de um título disposto, supostamente ao acaso, em uma folha de papel em branco. É exatamente nesses procedimentos de ensino da escrita que adquirem sentido, conforme veremos, as instruções da atividade de produção de textos que, supomos, se buscam regrar a atividade de escrita dos alunos, registram também uma certa leitura do professor das histórias contadas aos alunos. Por outro lado, é possível, a partir dos textos que os alunos produziram, recuperar seus modos particulares de leitura, engendrados durante a produção desses textos.

Tendo uma história particular de constituição, nosso *corpus* aponta também para a história de constituição de um *olhar* sobre ele. Esse *olhar* está constitutivamente marcado pelo fato de termos estado envolvidos com os escreventes-alunos na ocasião em que os textos foram produzidos – na posição de professor das turmas. Este estudo traz, portanto – mesmo que isso não esteja tão explicitado –, nossa memória daquilo que filtramos como relevante para os propósitos que nos impusemos ao optar pela análise desse tipo de material.

Na medida em que constituímos os textos de nossos alunos como *corpus* de pesquisa, isso implicou o gesto de olhá-los dentro de um certo domínio teórico. Essa passagem dos textos do contexto escolar para a ordem institucional-teórica de uma pesquisa acadêmica não seria adequada se defendêssemos – com o risco de sermos rotulados de ultrapassados, *démodés* ou, sofisticadamente, de neopositivistas – a *neutralidade científica*, mito que impossibilita, não raras vezes, qualquer tentativa de tratamento de dados da escrita infantil na área de aquisição da linguagem.

Não sendo essa uma crença por nós defendida, encaramos este estudo como a materialização de uma *resposta*, no sentido bakhtiniano, ao trabalho que desenvolvemos na tentativa de ensinar a escrita para alunos-crianças. Como *resposta* que é, ele tem um caráter tanto retrospectivo – já que sua constituição está relacionada às práticas pedagógicas de que fizemos parte ao trabalhar com crianças de segunda série do ensino fundamental – quanto prospectivo –, uma vez que pode apontar para um horizonte de possibilidades teóricas e pedagógicas de tratamento do problema da produção escolar da escrita.

* * *

A partir de nossa opção por utilizar o conceito de gênero como norteador das discussões que pretendemos explicitar sobre os modos de relação de escreventes-alunos com gêneros que circulam no evento *Recontando histórias*, propomo-nos, inicialmente, a traçar um breve percurso dos estudos mais recentes em aquisição e ensino da escrita no Brasil a partir das percepções de Rojo (2001) e de Abaurre *et al.* (1995), principalmente. Nosso propósito, no caso, é explicitar brevemente em que contexto histórico o conceito de gênero ganha relevância nos estudos sobre escrita. Que não se estranhe, portanto, a concisão da proposta de percurso que apresentamos.

Articulado à constituição desse percurso, o conceito de gênero é enfocado, em seguida, nos vários estudos que dele se apropriaram em diferentes áreas do conhecimento. Para tanto, apresentamos algumas tendências de tratamento desse conceito a partir da discussão proposta por Mathier-Castellani (1984) sobre a *noção* de gênero na Renascença, por Freedman e Medway (1994) sobre a corrente teórica denominada *New Rhetoric*, por Paltridge (1997) e sua proposta de articulação entre o conceito de gênero e o de *frame* e por Dolz e Schneuwly (1996) que, na esteira de Bakhtin e de Vigotski, propõem uma perspectiva que denominamos *didático-pedagógica* de abordagem dos gêneros.

A necessidade de explicitação dessas várias tendências teóricas deve-se a nossa pretensão de, a partir delas, propor uma reflexão que nos possibilite tratar o conceito de gênero no quadro do que é denominado *teoria do discurso*, especialmente pelo recurso às percepções de Sercovich (1977), de Pêcheux ([1969] 1993; [1981] 1990; [1975] 1995) e de Corrêa (1997). O recurso que fazemos a esses autores tem a ver com nosso interesse de tematizar o conceito de gênero na discussão sobre a relação entre sujeito e linguagem no processo de constituição do sentido. É lançando mão da teoria do discurso, como desenvolvida na reflexão dos autores mencionados, que supomos ser possível caracterizar os modos de circulação de escreventes-alunos pelos gêneros discursivos. Não é nossa preocupação, portanto, proceder a uma classificação (ou mesmo a uma descrição)[2] dos gêneros que aparecem durante o evento de produção escrita de que nos ocupamos, mas de compreender, a partir de uma determinada problematização do *conceito de gênero discursivo*, modos de circulação dialógica de escreventes-alunos, pelo que acreditamos serem os gêneros que adquirem uma certa estabilidade no *Recontando histórias*. Como o conceito de gênero discursivo está explicitamente relacionado à reflexão bakhtiniana, retomamos essa reflexão, que norteará a discussão a ser proposta.

Em seguida, dada a exigência de delimitação teórico-metodológica de nosso estudo, passamos a caracterizar o que temos chamado de evento *Recontando histórias*, espaço produtivo para o tratamento que dispensamos ao conjunto de textos aqui analisados.

O modo de tratamento dos textos que constituem o *corpus* está norteado no chamado *paradigma indiciário*, de cujas bases teóricas e metodológicas também nos ocupare-

---

2. O procedimento de classificação e de descrição de gêneros particulares, considerados em seu funcionamento *sociodiscursivo* e segundo suas regularidades formais, é uma tendência bastante freqüente na pesquisa mais recente sobre gênero, no Brasil. Para a consideração dessas tendências, ver o breve levantamento que propomos em Gomes Santos (2002).

mos. Esses textos são considerados ainda por sua inscrição no que denominamos *gesto enunciativo de narrar* ou *tarefa escolar de narrar*, inscrição possível graças a nossa opção de tratar (como propõe Corrêa, *op. cit.*) a narratividade como princípio enunciativo e não como propriedade de um tipo de texto particular.

Capítulo 1 **Os estudos sobre aquisição e ensino da escrita no Brasil: gêneros discursivos e escrita**

A expressiva quantidade de estudos sobre aquisição e ensino da escrita, pelo menos nos últimos vinte anos, no Brasil, revela um certo percurso dessa área de investigação nos meios acadêmicos, marcado por explícitas preocupações de ordem pedagógica. Podemos dizer que à reflexão mais teórica sobre a questão articula-se a tentativa de propor alternativas metodológicas e até mesmo modos de *transposição didática*[1] – tentativa que aparece quase como uma necessidade que o espaço universitário se impõe como forma de salvaguardar a função social de que supostamente deve estar investido. Como se isso não bastasse, a escrita ainda aparece como preocupação no domínio da normatização legal, o que significa supor uma determinada apropriação das pesquisas sobre a escrita pelo poder institucional em sua atuação reguladora do sistema escolar (ver, por exemplo, os *Subsídios à proposta curricular de língua portuguesa para o 1.º e 2.º graus* [do estado de São Paulo] e os *Parâmetros Curriculares Nacionais de Língua Portuguesa – PCNs*).

Se nos detivermos somente no *domínio da teorização* sobre a escrita, já nos é possível entrever que o percurso dessa

---

1. O conceito de *transposição didática* foi discutido por J-P. Bronckart em "La transposition didactique: histoire et perspectives d'une problématique fondatrice" (*Pratiques*, março de 1998).

teorização é marcadamente heterogêneo, no sentido de que dele emergem concepções teóricas diversas e também divergentes sobre a linguagem, sobre o sujeito-escrevente e sobre a relação desse com aquela (cf., por exemplo, Castro, 1996; Smolka, 1991). Tal heterogeneidade não poderia deixar de produzir implicações institucionais importantes, como as que aponta Geraldi (1996) quando analisa algumas tendências da investigação sobre o ensino–aprendizagem de língua portuguesa na escola brasileira. O autor interpreta a predominância, no *corpus* que analisa, de trabalhos que tratam da relação ensino–língua portuguesa, produzidos em faculdades de Letras – especialmente nos estudos de Lingüística e Lingüística Aplicada –, como um indício de

> que no interior do "mundo das letras" está havendo uma rearticulação de suas preocupações básicas que ultrapassam a simples descrição de línguas para incorporar fenômenos mais tipicamente sociais, como são os processos de ensino–aprendizagem, formais ou não, incluindo até mesmo a questão da formação de professores, questão tradicionalmente da área de Educação. (Geraldi, *op. cit.*, p. 30.)

Parece-nos relevante assinalar que, embora heterogêneo, o percurso da teorização sobre a escrita apresenta um movimento que aponta para uma alteração de ordem epistemológica, caracterizada pelo interesse em tratar a produção da escrita não apenas circunscrita à ordem do cognitivo-interativo, mas também localizada no domínio do discursivo-enunciativo. O que se verifica nesse movimento teórico é a atenção diferenciada quanto à natureza dos fatos observados, o que, em termos mais gerais, tem implicado considerá-los em articulação às *condições de produção* que os engendram, como o contexto situacional, o referente particular, o falante e o ouvinte envolvidos no processo de produção da escrita.

É claro que não podemos – e esta não é nossa intenção – proceder a um agrupamento indiferenciado das abordagens que tratam a escrita em domínios mais amplos que o da palavra e o da frase, como se as bases teóricas que lhes dão suporte pudessem ser consideradas unívocas. Esse procedimento seria facilmente desconstruído pela rápida observação da produção acadêmica sobre aquisição e ensino da escrita e sobre alfabetização, por exemplo (cf. Caron *et al.*, 2000; Soares, 1988).

Como não é nosso objetivo elaborar uma análise exaustiva dos rumos que têm tomado os estudos sobre aquisição e ensino da escrita no Brasil, passaremos a focalizar, a partir das percepções de Rojo (2001), de Abaurre, Fiad e Mayrink-Sabinson (1995) e de Costa (1995), alguns aspectos que marcam esses estudos no que diz respeito à transição mais explícita de uma *visão cognitivista* para uma abordagem *sócio-histórica* no tratamento da questão da escrita.

Rojo observa que na década de oitenta, como efeito do compromisso dos estudos sobre escrita com "saberes de referência" advindos da Lingüística Textual e das Teorias Cognitivas de processamento e memória, dá-se ênfase

> aos processos cognitivos de produção de textos (planejamento, produção, editoração, revisão, por exemplo) e de sua compreensão (antecipação e checagem do conteúdo do texto; inferências em diversos níveis; localização, redução e generalização de informação textual; interatividade leitor–texto e leitor–autor etc.). (Rojo, 2001, p. 164.)

Embora reconheça que essa abordagem, por ela chamada de *cognitivista*, tenha trazido "inegável avanço nas práticas didáticas" (*ibid.*, p. 164), pelo menos em comparação ao que propunha a abordagem tradicional de ensino da escrita, circunscrita ao nível da palavra e da frase, a autora afirma que

> a visão cognitivista presente nessas teorias psicológicas – que dava à linguagem ela mesma um papel reduzido, senão nulo – e o grau de generalização e abstração presentes nas descrições de "tipos de textos" da Lingüística Textual levaram o professor que adotava tais saberes de referência a enfocar,

no ensino–aprendizagem de leitura e produção de textos, sobretudo as capacidades e processos cognitivos do aprendiz (quase sempre internos e de difícil avaliação e ensino) e a adotar descrições textuais de um grau de abstração que se aproximava de um ensino gramatical, desta vez, no nível do texto. (*Ibid.*, p. 164.)

Rojo assinala uma certa incompatibilidade entre essa abordagem *cognitivista* e os processos de ensino–aprendizagem da escrita, uma vez que nela as propriedades discursivo-enunciativas constitutivas e necessárias à problematização da escrita como questão de ensino–aprendizagem não estariam (suficientemente) colocadas. Ao tentar traçar um percurso dos estudos sobre aquisição e ensino da escrita, a autora assinala ainda a emergência, no mesmo âmbito histórico em que se estabeleceu a visão *cognitivista*, da abordagem sócio-histórica, engendrada pelas reflexões de Vigotski e de Bakhtin. Com essa abordagem, passa-se do conceito de *texto* – tomado em suas propriedades formais – para o de *discurso*, o que implica a consideração necessária dos modos – sócio-historicamente constituídos – de existência, de funcionamento e de circulação dos enunciados. Nas palavras de Rojo,

> Concebido, portanto, o processo de ensino–aprendizagem como um processo social e histórico, culturalmente determinado e grandemente dependente das pautas interacionais, e re-enfocada a interação como circulação de discursos (enunciação) e a internalização como apropriação de discursos em circulação, o objeto prioritário de ensino–aprendizagem em Língua Portuguesa passava a ser, para nós, os discursos em circulação, enunciativamente abordados, e não mais os textos em suas propriedades formais. E o processo de ensino–aprendizagem (construção) desses discursos em circulação social continuava a enfatizar a circulação dos discursos escolares em sala de aula como viabilizadores da construção de pautas discursivas em circulação social mais ampla. (*Ibid.*, p. 174.)

As reflexões de Rojo, embora bastante carentes em termos de referências que expliquem o percurso da teorização sobre o ensino da produção escrita que tentam traçar, ajudam-nos a esclarecer pelo menos duas suposições mais ou menos conhecidas a respeito dos estudos sobre aquisição e ensino da escrita no Brasil nos últimos vinte anos: a) a crescente propagação da abordagem sócio-histórica, por meio do recurso às reflexões vigotskiana e bakhtiniana, na investigação sobre a escrita; b) o compromisso histórico que vem sendo estabelecido entre a teorização sobre a escrita e a proposição de alternativas didático-pedagógicas de ensino da produção de textos na escola.

Outra reflexão que julgamos relevante considerar nesta abordagem do percurso da teorização sobre aquisição e ensino da escrita é a que fazem Abaurre *et al.* (1995). Ao apresentarem o chamado *paradigma indiciário* como alternativa teórico-metodológica de tratamento de dados da aquisição da linguagem escrita, os autores assinalam a relevância desses dados para a compreensão da relação que os indivíduos mantêm com a linguagem. O que nos interessa, neste momento[2], na proposta dos autores é a crítica que fazem às concepções de aprendizagem da escrita,

> em que a obsessão pelo modelo adulto transparece na análise das primeiras produções escritas infantis, análise que desconsidera as operações da criança sobre a linguagem escrita e as hipóteses que continuamente elabora na tentativa de compreender o funcionamento da escrita. (Abaurre *et al.*, *op. cit.*, p. 9.)

A crítica dos autores parece ter destinatário particular: trata-se dos estudos psicolingüísticos de inspiração piagetiana, tais como os de Ferreiro e Teberosky. Sem negar as contribuições desses estudos para a compreensão do processo de construção do conhecimento, os autores põem em ques-

---

2. Retomaremos largamente a questão do *paradigma indiciário* neste estudo.

tão a perspectiva teórico-metodológica da psicologia genética pelo fato de adotar, em decorrência do *método clínico* de que se utiliza, o

> pressuposto de que apenas em situações experimentais rigorosamente controladas é possível obter dados confiáveis para a investigação. No interior desse quadro teórico e metodológico, os dados dos experimentos costumam ser tomados muito mais como evidências ou contra-evidências para hipóteses do que como indícios que podem continuamente apontar para uma eventual necessidade de reelaboração das próprias hipóteses. (Abaurre *et al.*, *op. cit.*, p. 9.)

Mais do que apenas para uma restrição de ordem teórico-metodológica, os autores apontam para o modo como se deu a apropriação das pesquisas sobre aquisição da escrita, de inspiração piagetiana, pelo sistema escolar, na década de oitenta. Segundo os autores, e essa observação é significativa na formulação do percurso que vimos propondo,

> Uma das conseqüências pedagógicas a nosso ver nocivas dessa apressada metodologização do sujeito ideal piagetiano e de sua transposição quase que direta dos textos acadêmicos para os bancos escolares tem sido a descaracterização dos sujeitos reais da aprendizagem, dos alunos que vivem, cada um a sua maneira, uma história singular de contato com a linguagem e com seus interlocutores. (Abaurre *et al.*, *op. cit.*, p. 8.)

Consideramos ser possível aproximar as percepções de Rojo, esboçadas anteriormente, das de Abaurre *et al.* – embora nestes não apareça nenhuma preocupação explícita de traçar um percurso dos estudos sobre aquisição da escrita –, uma vez que em ambas há o interesse em deslocar os estudos sobre aquisição e ensino da escrita de uma abordagem historicamente mais *cognitivista* para uma perspectiva mais *sócio-histórica*. Esse deslocamento, além de enfatizado em Rojo, conforme vimos, aparece explicitamente na concepção de linguagem pela qual Abaurre *et al.*, em outra situação (1999, por exemplo), optam.

Para finalizar – já que nosso objetivo aqui não é dar um tratamento exaustivo à questão do percurso da teorização sobre aquisição e ensino da escrita, como já mencionamos –, consideramos relevante trazer para nossa reflexão as observações de Costa (1995), que, ao discutir os modos de constituição do que chama *letramento escolar*, distingue duas perspectivas diversas entre si de tratar o conceito de *interação*. Esse conceito, segundo o autor, empregado a partir da década de setenta no âmbito dos estudos psicolingüísticos e antropológicos – e note-se que as considerações de Costa não se restringem ao Brasil –, pôde assumir, de um lado, o sentido de *andaime* facilitador da aquisição–aprendizagem, na linha comunicativo-etnográfica, tendo por base o conceito de linguagem como *comunicação* e, de outro, o sentido de origem–gênese da aquisição–aprendizagem, na linha enunciativo-discursiva, em que a linguagem é considerada enunciação.

A problematização do conceito de *gênero discursivo* nos estudos sobre aquisição e ensino da escrita parece tornar-se pertinente e adquirir maior visibilidade – conforme veremos a seguir – exatamente no contexto de emergência e de estabelecimento da perspectiva *sócio-histórica*, inscrita, de um lado, no quadro teórico da psicologia de linha vigotskiana e, de outro, na reflexão bakhtiniana sobre a linguagem. Além disso, o conceito de *gênero discursivo* ganha sentido na medida em que cresce o interesse em tratar a escrita sob uma perspectiva discursiva que, em termos gerais, remete ao deslocamento – por nós já referido – de uma abordagem lingüística circunscrita à descrição de fatos lingüísticos do nível da palavra e da sentença para uma outra abordagem, fundamentalmente marcada pelo conceito de discurso. Vejamos, então, como se coloca o conceito de *gênero discursivo* nos estudos sobre a escrita e como ele se torna bastante produtivo para a discussão que propomos neste nosso estudo. Para tanto, procuraremos trazer para nossa discussão as contribuições de Mathieu-Castellani (1984), Freedman e Medway (1994) e Paltridge (1997). Após explicitarmos uma perspectiva ampla dos estudos dos gêneros, centraremos nossa atenção na reflexão bakhtiniana sobre gênero, ocasião em que colocaremos em questão as condições de possibilidade de apropriação desse conceito para o incremento das práticas de escrita–leitura na escola e, mais especificamente, para a pesquisa sobre a produção da escrita em contexto escolar.

1.1. Problematizando o conceito de gênero discursivo

A tematização do conceito de gênero remonta a Aristóteles – a sua *Poética* e a sua *Retórica* –, e é em relação à formulação aristotélica que se vem constituindo a história de circulação desse conceito. Mathieu-Castellani (*op. cit.*) observa que, a partir da *Retórica* e da *Poética* "des Anciens", são elaborados quatro sistemas de classificação no curso da Idade Média: a) as modalidades do discurso – gênero demonstrativo, gênero deliberativo, gênero judiciário; b) as modalidades de estilo – estilo baixo, estilo médio, estilo elevado; c) as formas da representação, em função do modo de imitação; e d) os objetos da representação.

Nos séculos XVII e XVIII, ter-se-ia dado uma primeira tripartição: epopéia – lirismo – drama. Segundo Mathieu-Castellani, a constituição de um sistema de gêneros, durante a Renascença, obedeceu, de um lado, à distinção entre os gêneros da escrita (epigrama, soneto, epopéia etc.) e os gêneros de estilo (*brief, copieux, floride* etc.) e, de outro, à tentativa de classificar e diferenciar as espécies (as estruturas formais), em função do metro, da organização do material, do estilo, da argumentação.

Para Freedman e Medway (*op. cit.*), as regularidades textuais são a base das definições tradicionais de gênero. "Nos estudos literários tradicionais, os gêneros – soneto, tragédia, ode etc. – são definidos por convenções de forma e conteúdo" (Freedman e Medway, *op. cit.*, p. 1). Os autores assinalam ainda que "o novo termo 'gênero' tem sido capaz de articular o reconhecimento das regularidades nos tipos de discurso com uma compreensão social e cultural mais ampla da linguagem em uso"[3] (*ibid.*).

A partir de sua filiação à chamada *New Rhetoric*, os autores assinalam que, no século XX, a dimensão retórica da capacidade de usar a linguagem tem sido enfocada no trabalho de cientistas ligados às ciências sociais. Para o que nos interessa mais precisamente neste estudo, é significativa a percepção dos autores de que o ensino da *composition* tem sido afetado por essa tendência retórica. Segundo eles, a possibilidade de se dissociar a retórica da *composition* é remota – trata-se de um absurdo – se se levar em conta que a *composition* é derivada do antigo estudo da retórica.

Deve-se também assinalar na reflexão de Freedman e Medway o interesse em deslocar o conceito de gênero do âmbito dos estudos literários e traçar o percurso pelo qual esse conceito se constituiu no campo dos estudos retóricos, que trazem marcadamente a concepção de linguagem como *uso* e não simplesmente como *sistema formal*. É exatamente no quadro teórico da linguagem como *uso* que teria surgido a ênfase no *contexto*, na relação necessária do texto com a situação. Para explicitar os pressupostos da corrente em que se inscrevem, os autores recorrem a abordagens teóricas que, de um modo ou de outro, produziram as condições para o reconhecimento da primazia do social – e do papel do *contexto* – na compreensão dos gêneros.

Entre as correntes teóricas que os autores mencionam está o *Social Constructionism*, surgido a partir da década de oitenta, que tem suas origens na filosofia – sendo seus principais expoentes o filósofo Richard Rorty e seu seguidor Kenneth Bruffee – e defende a idéia de que o conhecimento é socialmente construído em resposta às necessidades, aos

---

[3]. A tradução das citações, quando não especificada de outro modo, deve ser considerada de nossa responsabilidade.

objetivos e aos contextos coletivos. Vê-se, portanto, a ênfase na comunidade e no aspecto sociocultural como elementos necessários à constituição do conhecimento.

Outra corrente a que fazem referência os autores é a *Rhetorical Versions of Rationality* que, por meio da reconceitualização da noção de *argumento* e da rejeição da noção tradicional de *racionalidade* como uma categoria abstrata – segundo as reflexões de Stephen Toulmin –, enfatiza a importância do contexto social na compreensão do texto.

A *Speech Act Theory* é outra corrente teórica de que se têm apropriado os estudiosos dos gêneros, uma vez que traz fundamentalmente a noção de enunciado como ação, noção necessária ao redimensionamento do conceito de gênero no âmbito da *New Rhetoric*.

Os autores trazem ainda para a discussão a que se propõem a reflexão bakhtiniana sobre o problema dos gêneros discursivos, sobre a qual evitaremos qualquer comentário, neste momento, já que ela será amplamente discutida neste estudo.

Por fim, faz-se referência às contribuições de Swales e a seu trabalho *Genre Analysis* (1990), no qual o autor define gênero prioritariamente por objetivos comunicativos, além de localizar esse conceito no interior da noção de *discourse communities*.

A discussão de Freedman e Medway, portanto, enfatiza, de um lado, o fato de os estudos dos gêneros fazerem parte de uma tendência de estudos que concebe a linguagem como constituída em articulação necessária com o contexto de sua produção e, de outro, o fato de que o conceito de gênero pode ser produtivo para a análise do problema da escrita e para o próprio ensino do que denominam *composition*. Esses aspectos são particularmente relevantes porque nos podem ajudar a compreender o percurso por que têm passado recentemente os estudos sobre gênero no Brasil. Só para termos uma idéia do quanto o conceito de gênero tem chamado a atenção de pesquisadores da linguagem, vale retomar o paralelo que Freedman e Medway estabelecem entre as concepções de gênero nos estudos norte-americanos e as da escola australiana (*Sydney School*). Se o reconhecimento da primazia do social e do papel do contexto na compreensão dos gêneros é o traço comum que aproxima as duas tradições, há uma diferença de ênfase que as diferencia: na tradição australiana, enfatiza-se a explicação das características textuais, até pelo compromisso que essa tradição tem com a perspectiva do *systemic functional linguistics*, de Halliday e de seus seguidores. Já na tradição norte-americana, o enfoque recai sobre as relações entre texto e contexto.

Paltridge (*op. cit.*), por sua vez, inicia sua discussão sobre gênero mencionando que essa noção remonta a Aristóteles e a sua *Poética*, que apresenta as bases para a classificação dos textos literários em categorias – poesia, romance e drama. Na lingüística aplicada, segundo o autor, haveria três abordagens nos estudos dos gêneros: a) a baseada no trabalho dos lingüistas funcionais-sistêmicos, tais como Halliday, Hasan e Martin; b) a baseada no trabalho de John Swales (1981), proeminente na área de ensino do inglês para fins específicos; e c) a área que se estabeleceu como *New Rhetoric*, exposta anteriormente.

A partir do modelo de *frame semantics*, de Charles Fillmore, Paltridge busca desenvolver uma perspectiva teórica que incorpore os aspectos da produção e da interpretação dos gêneros, o que o leva a tentar compreender os modos por meio dos quais os membros de uma *discourse community* (conceito que retoma de Swales) inscrevem-se em um gênero particular em um determinado evento comunicativo. Assim, o que se procura com essa perspectiva sociopsicológica de linguagem – a *frame semantics* – é compreender não somente as funções sociais da linguagem, mas também a natureza dos seus processos cognitivos de produção e de compreensão.

Após a delimitação de seu objeto de estudo, o autor parte para a explicitação dos diferentes modos por meio dos quais o conceito de gênero é tratado nas diferentes áreas de conhecimento, assinalando a diversidade de abordagens que vai desde a incorporação da estrutura de um texto na descrição e definição dos gêneros até a consideração da relação entre gênero e estruturas sociais, passando pelas várias relações entre gênero e contexto, gênero e cultura e gênero e cognição (Paltridge, *op. cit.*, p. 5).

As diferentes áreas de conhecimento que abordam seus objetos de investigação particulares pelo recurso ao conceito de gênero são: os estudos folclóricos (*folklore studies*), a antropologia lingüística (*linguistic anthropology*), a etnografia da fala (*ethnography of speaking*), a análise da conversação (*conversation analysis*), a retórica (*rhetoric*), a teoria literária (*literary theory*), a sociologia da linguagem (*sociology of language*) e a lingüística aplicada (*applied linguistics*).

O autor descreve a definição de gênero que emerge de cada uma dessas áreas de conhecimento, bem como as relações particulares que elas estabelecem entre a noção de gênero e aspectos como a estrutura de um texto, o contexto, a cultura, a cognição, as estruturas sociais, o auditório (*audience*) e a linguagem. O detalhamento de cada definição e das relações estabelecidas entre gêneros e esses aspectos referidos excede o objetivo desta seção de nosso estudo.

Caberia, entretanto, expor a proposta de Paltridge de articulação entre gênero e a noção de *frame*. Como já mencionamos, o autor utiliza-se do modelo de *frame semantics*, de Fillmore, para tentar compreender

> a questão do que é que leva os usuários da linguagem a reconhecer atividades particulares, que são exemplos de eventos comunicativos particulares, como ocorrências de gêneros particulares, e o que é que leva uma comunidade discursiva (Swales, 1990) a emprestar termos particulares, ou rótulos, a esses [gêneros] particulares. (*Id.*, p. 47.)

Para Paltridge, a solução dessa questão passa pelas noções de *prototype, inheritance* e *intertextuality*, no contexto de produção e de interpretação do discurso, ou seja, até onde a ocorrência de um gênero particular é típica do gênero particular, até onde as qualidades ou propriedades são herdadas de outros exemplos do gênero particular, e até que ponto um texto é reconhecido como uma ocorrência de um gênero particular na medida em que ele retoma outras ocorrências já encontradas do gênero particular. (*Id., ibid.*)

O conceito de *frame semantics* diz respeito à capacidade que os indivíduos têm de armazenar na memória "um repertório de protótipos de *frames* particulares" (*ibid.*, p. 48). A noção de *frame*, desenvolvida por Van Dijk (*apud* Paltridge, *id, ibid.*) e retomada por Paltridge (*ibid.*, pp. 48-9), dá a medida do alcance dessa noção para a compreensão da noção de gênero. Para Van Dijk, os *frames* são "representações do conhecimento sobre o 'mundo' que nos possibilitam realizar atos básicos de percepção, ação e compreensão da linguagem. (...) [Eles são] unidades do conhecimento convencional segundo os quais as expectativas mútuas e as intenções são organizadas" (Van Dijk, 1981, *apud* Paltridge, *op. cit.*, p. 49).

Interessa-nos mais precisamente na discussão de Paltridge a relação que ele estabelece entre memória, contexto e *frames* e a noção de protótipo como um princípio de seleção, de organização e interpretação do que ele denomina *genre frames*. Toda a discussão do autor o leva a definir gênero pela perspectiva teórica que assume – a teoria do *frame semantics* –, como

> uma ocorrência de um evento comunicativo particular. Essa manifestação incorpora idealizações prototípicas de conceitos e situações particulares que devem ser derivados de experiências prévias com outros eventos similares. Esses conceitos e situações constituem um conjunto comum de características interacionais e conceptuais (...). (*Op. cit.*, p. 106.)

O conceito de gênero, como discutido em Paltridge, parece estar inscrito em uma perspectiva teórica caudatária dos estudos nas áreas das ciências cognitivas e da inteligência artificial. A própria noção de *frame*, de Fillmore, inscreve-se nessas áreas do conhecimento (Paltridge, *op. cit.*, p. 48). Essa perspectiva distingue-se do conceito de gênero desenvolvido na reflexão de Bakhtin que enfocaremos no próximo capítulo deste estudo. Há uma diferenciação de cunho epistemológico entre as duas reflexões na medida em que, em Bakhtin, não é possível dissociar o conceito de gênero das questões da *arquitetônica bakhtiniana* – sociedade, sujeito, ideologia, língua. Caso contrário, perde-se a totalidade. O gênero, na reflexão bakhtiniana, constitui-se no *baú social* e é re-ativado e revestido no uso, por isso vai dialeticamente mudando, acompanhando a sociedade, que produz e faz circular ideologias via signo[4].

Esse diferencial epistemológico da teoria bakhtiniana em relação, por exemplo, às teorias funcionalistas aparece em Zoppi-Fontana (1991) e em sua crítica às leituras feitas de Bakhtin, que desconhecem "a natureza sócio-histórica dessas relações [a autora refere-se às relações dialógicas] e o caráter não-abstrato mas ideologicamente determinado do 'outro' nelas envolvido" (Zoppi-Fontana, *op. cit.*, p. 47). Para a autora, essas leituras reduzem a conceitualização de *dialogismo* em Bakhtin a uma "teoria do diálogo ampliada", uma vez que elas tendem a destacar, na formulação do autor, o que ela tem de interacionista e intersubjetiva, opção que esvazia o estatuto histórico do conceito de dialogismo. Disso decorre que "a irredutibilidade dos lugares ou posições ideológicos é reduzida a uma intercambialidade de lugares ou posições topológicas (basta colocar-se no lugar do outro para partilhar seu ponto de vista)" (*ibid.*, p. 47).

Para complementar o quadro que vimos traçando das diversas abordagens do conceito de gênero, não podemos deixar de fazer referência a uma perspectiva que tem adquirido ampla circulação nos estudos sobre o ensino de escrita–leitura no Brasil, chegando mesmo a integrar a normati-

---

4. Essas observações nos foram feitas por Waldemir Miotello, a quem agradecemos os esclarecimentos e a co-leitura da temática dos gêneros em Bakhtin.

zação legal do ensino de língua portuguesa materializada no mais recente documento oficial regulador desse ensino – os *Parâmetros Curriculares Nacionais*. Vejamos, então, as relações entre o conceito de gênero e as práticas escolares de escrita–leitura ou, em outros termos, os modos de constituição e de circulação desse conceito segundo uma perspectiva didático-pedagógica.

1.1.1. Para uma abordagem didático-pedagógica do conceito de gênero: escolarização e normatização legal

Para compreender o conceito de gênero segundo uma perspectiva didático-pedagógica é preciso, antes de tudo, pôr em questão as possibilidades de se tratar esse conceito no interior de preocupações didático-pedagógicas engendradas, em grande medida, pelo poder institucional, normatizador e regulador do Estado. Pensamos, no caso, em como o conceito de gênero tem sido tratado pelos *Parâmetros Curriculares Nacionais* (PCNs), em que gênero é considerado *objeto de ensino*. Na tentativa de estabelecer "diretrizes que nortearão os currículos e seus conteúdos mínimos, de modo a assegurar uma formação básica comum" (*PCNs*, Introdução, p. 49), os PCNs instituem, no que diz respeito à Língua Portuguesa, *princípios organizadores dos conteúdos* e *critérios para a seqüenciação* desses conteúdos.

No que se refere à organização dos conteúdos, há o estabelecimento de dois *eixos de práticas de linguagem*: as *práticas de uso* da linguagem e *as práticas de reflexão* sobre a língua e sobre a linguagem. Caberia o questionamento de que concepções de linguagem e de sujeito emergem dos PCNs de Língua Portuguesa quando propõem uma distinção dessa natureza. Segundo o que pensamos, tal dicotomização abre a possibilidade para a retomada da concepção que toma a linguagem–língua como *instrumento*: de posse de um *instrumento*, o indivíduo ora o utilizaria, ora dele se distanciaria para sobre ele refletir.

A idéia de tratar os gêneros como objetos de ensino e a articulação desse princípio com o procedimento de seleção de textos, considerados *unidades de ensino*, colocam o problema de como agrupar os vários gêneros, aspecto necessário, no âmbito de institucionalização do conceito de gêneros, à satisfação da exigência de sistematização própria de *documentos oficiais*. Rojo (1999) nos mostra dois tipos de *agrupamentos* de gêneros: a) o sugerido por Dolz e Schneuwly (1996), "essencialmente regido pelas capacidades de linguagem exigidas pelas práticas de uso da linguagem em pauta e que os distribui por cinco domínios que exigem capacidades de linguagem diferenciadas: o narrar, o relatar, o expor, o argumentar, e o instruir/prescrever"; b) o dos *PCNs*, que decorre da idéia de *circulação social* dos gêneros, que leva à seguinte organização: gêneros literários, de imprensa, publicitários e de divulgação científica.

Não pretendemos elaborar aqui uma crítica negativista ao conceito de gênero que emerge dos PCNs – isso excederia os limites de nosso trabalho –, mas tão-somente pôr em questão o *efeito de consenso* que, aparentemente, ele tem produzido nas esferas acadêmico-institucionais – universidades, secretarias de educação etc. –, sem preocupação em discutir amplamente as implicações que um conceito, produzido no âmbito teórico da reflexão sobre a linguagem e que tem, portanto, uma história de significações[5], pode adquirir quando *transposto* para o âmbito da normatização legal que, por sua vez, também tem uma história particular de constituição (ver Prado, 1999).

É claro que pôr em questão os modos de transposição de um conceito para o gênero *documento oficial*[6] não significa postular a impossibilidade de relação entre a conceituação teórica e a prática institucional de normatização legal.

---

5. Ver, por exemplo, a diversidade de concepções de gênero por nós esboçada anteriormente.

6. Conceber "propostas curriculares" do governo como gênero discursivo é a sugestão de Prado (1999).

O que assinalamos é que essa transposição não é tranqüila, como o efeito de consenso que mencionamos tenta fazer-nos crer, especialmente se considerarmos que essa transposição supõe – ou deve supor – a existência histórica da instituição escolar e a constituição dos discursos – pedagógico, científico, legal – que atravessam as práticas de leitura–escrita nessa instituição.

Um último aspecto do problema de transposição do conceito de gênero para a instância legal diz respeito à não contextualização dos referenciais teóricos que dão suporte à normatização que emerge dos PCNs: de onde vêm as teorias que fundamentam o conceito de gênero que aparece nos *Parâmetros*? Em que tradição teórica elas se localizam? Embora reconheçamos que questões como essas não podem facilmente ser integradas a um documento oficial, dadas as constrições que lhe são próprias, não seria inútil explicitar, no mínimo, que o reconhecimento de uma determinada perspectiva teórica implica necessariamente o abandono de outras tantas, e isso traz implicações. Essa é uma tarefa que pretendemos esboçar a seguir ao tratar da perspectiva didático-pedagógica de abordagem dos gêneros segundo as percepções do chamado "Grupo de Genebra" que, em grande parte, parece ter se constituído em principal referência na elaboração dos PCNs.

1.1.2. As percepções do "Grupo de Genebra"

O que tem marcado as reflexões do chamado "Grupo de Genebra"[7] é a tentativa de promover a complementaridade entre as reflexões de Vigotski e as de Bakhtin (cf. Rojo, 2001). É exatamente a partir da reconceitualização da no-

---

7. Trata-se do grupo de pesquisadores pertencentes ao Departamento de Didática de Línguas (Didática do Francês Língua Materna – DFLM) da Faculté de Psychologie et Sciences de l'Education (FAPSE) da Université de Genève (UNIGE), entre eles J-P. Bronckart, B. Schneuwly, J. M. Dolz (para citar alguns dos nomes mais representativos).

ção de interação que emerge a possibilidade de tratar do problema dos gêneros do discurso, o que, no caso do "Grupo de Genebra", adquire um caráter fundamentalmente didático.

O texto de Dolz e Schneuwly – "Genres et progression en expression orale et écrite: éléments de réflexions à propos d'une expérience romande"[8] – dá a medida do que significa tratar a noção de gênero sob uma perspectiva didático-pedagógica e é suficiente para a discussão que vimos fazendo nesta seção de nosso estudo[9]. A preocupação didático-pedagógica de Dolz e Schneuwly os faz explicitar, inicialmente, a distinção entre a noção de *currículo* e a de *programa escolar* – enquanto este estaria centrado mais exclusivamente na matéria a ensinar e teria a ver com a estrutura interna dos conteúdos, aquele mobilizaria a articulação entre conteúdos, objetivos de aprendizagem e outros componentes do ensino, organizados em função das capacidades e das experiências necessárias ao desenvolvimento da aprendizagem. A *progressão* aparece como um dos elementos-chave do currículo e teria a ver com a organização temporal do ensino com o objetivo de otimização da aprendizagem. Ela estaria materializada em dois níveis complementares: a) divisão dos objetivos gerais entre os diferentes ciclos de ensino obrigatório (progressão interciclos); b) seriação temporal dos objetivos e dos conteúdos disciplinares em cada ciclo (progressão intraciclo). Essa noção de progressão parece fundamental para a consideração dos gêneros como *unidade curricular* e para a proposta de considerá-los *objetos de ensino*.

A operacionalização desse ensino de gêneros estaria configurada nas chamadas *seqüências didáticas* que, para os autores, são seqüências de módulos de ensino, organizadas

---

8. Estaremos nos utilizando, aqui, da tradução desse texto feita por Roxane Rojo. Trata-se de uma primeira versão de tradução, de circulação, portanto, restrita.

9. Embora esteja claro para nós que generalizar as reflexões de um autor ou de um grupo de autores tomando-se por base apenas um texto deles não é o mais adequado, isso não impede, no caso de que nos ocupamos, que elaboremos uma discussão produtiva, já que o texto mencionado é bastante representativo do que se vem concebendo como gênero pelo "Grupo de Genebra".

conjuntamente para incrementar uma determinada prática de linguagem. Já as chamadas *práticas de linguagem* seriam modos pelos quais os indivíduos interagem socialmente. Esses modos vão se cristalizando na forma de gêneros e permitem que as significações sociais sejam reconstruídas.

Em termos teóricos, ao assumir como referencial o que denominam *interacionismo social*, os autores põem em questão a noção de interação tal como é concebida pelas teorias sociocognitivas da aprendizagem, uma vez que essas teorias não estariam preocupadas com questões de ensino, o que, na perspectiva do interacionismo social, constitui questão-chave. Assumem, portanto, a idéia de um *interacionismo instrumental* (Dolz, 1994, *apud* Dolz e Schneuwly, *op. cit.*), em que as relações ensino–aprendizagem e os diferentes instrumentos que podem ser construídos para permitir a transformação de comportamentos ganham uma ênfase crucial.

É nesse quadro teórico que adquire sentido a metáfora proposta pelos autores na definição dos gêneros: eles seriam *(mega)instrumentos* utilizados para agir em situações de linguagem e deles seriam constitutivas três dimensões: a) os conteúdos que são dizíveis por meio deles; b) a estrutura (comunicativa) particular dos textos pertencentes ao gênero; c) as configurações específicas das unidades de linguagem, que são sobretudo traços da posição enunciativa do enunciador, e os conjuntos particulares de seqüências textuais e de tipos discursivos que formam sua estrutura (Dolz e Schneuwly, *op. cit.*, p. 7).

Vemos, então, conforme já mencionamos, uma complementaridade teórica na definição de gênero: os autores apropriam-se da reflexão bakhtiniana sobre gênero discursivo e, a ela, acrescem a reflexão de Vigotski. Daí por que é possível muito facilmente recuperar da discussão dos autores conceitos que comumente circulam na área da psicologia social: operações de linguagem, capacidades de linguagem, relação de aprendizagem e desenvolvimento etc. A própria definição de gênero como *megainstrumento* está comprometida com o conceito de *instrumento* desenvolvido por Vigotski.

A articulação Vigotski–Bakhtin, no que se refere particularmente ao tratamento do problema dos gêneros, parece privilegiar uma leitura de Bakhtin que, de um lado, pouco problematiza a questão do *signo ideológico* e, de outro, não tem interesse em discutir a questão da constituição do sujeito, até porque (ou apesar de que) a preocupação dos autores é claramente da ordem dos procedimentos metodológicos de ensino da escrita na escola. Isso abre a possibilidade de que o conceito de gênero, considerado instrumento, possa ser interpretado como inscrito em uma concepção de linguagem como instrumento de comunicação – os indivíduos teriam o controle de um instrumento que lhes é exterior. Ora, essa concepção de linguagem pode levar à própria reificação do conceito de gênero, o que, aliás, segundo o que pensamos, é epistemologicamente incompatível com a crítica que o próprio Bakhtin [1952-1953] (1992) faz à concepção que toma a linguagem em sua função meramente expressiva.

A retomada da crítica bakhtiniana (Bakhtin, [1929] 1979) – já bastante conhecida – ao *subjetivismo idealista* – corrente filosófica que busca transformar o real concreto em objeto do conhecimento, circunscrevendo-o ao domínio do psiquismo individual do sujeito – e ao *objetivismo abstrato* – corrente que defende que o fato lingüístico estaria circunscrito ao espaço da universalidade e da estabilidade, não havendo mais o individual; o sistema, nesse caso, independeria do sujeito falante – pode ainda mais esclarecer nossa recusa à tentativa de tratar os gêneros como *coisa*. Também Bakhtin aponta para essa recusa quando propõe uma terceira via, não mais pautada no idealismo (como as duas que mencionamos), mas fundamentada nos pressupostos do materialismo histórico.

Assumir essa terceira via implica, para Bakhtin, considerar a linguagem em sua historicidade constitutiva. Para ele, o signo (ideológico por excelência) constitui-se na interação verbal. Não caberia mais falar, então, de indivíduos abstratos nem de sujeitos individuais (nos termos do subjetivismo idealista), mas de sujeitos sócio-historicamente organizados que se posicionam em relação a enunciações anteriores e a enunciações posteriores. Na alternativa que propõe Bakhtin, a constituição dos sentidos não estaria, portanto, no falante nem no sistema: ela seria efeito da interação social de sujeitos historicamente condicionados. Cabe lembrar que esse condicionamento do sujeito não é absoluto, dada a instabilização própria às interações sociais e dada a possibilidade, segundo o que defendemos, de falha constitutiva da língua; afinal, se ela é uma *ferramenta*, é uma ferramenta constitutivamente *imperfeita* (para retomar a já conhecida metáfora de Paul Henri).

Não nos estenderemos mais sobre a perspectiva didático-pedagógica que expusemos aqui a partir das percepções de Dolz e Schneuwly. Cremos que a exposição que fizemos é suficiente para se ter uma idéia de uma abordagem de gêneros que vem ganhando visibilidade entre alguns pesquisadores da escrita, no Brasil (ver, por exemplo, Machado, 1998, 1999; Machado *et al.*, 1999; Rojo, 1999, 2001), e, o mais importante, de uma perspectiva teórico-metodológica que fundamenta, em grande medida, a normatização oficial do ensino de Língua Portuguesa materializada nos *PCNs*.

Afastado o risco de desconhecimento do que se tem refletido sobre gênero – e das implicações que esse desconhecimento poderia produzir –, podemos explicitar o objeto de que nos ocupamos neste estudo. Conforme veremos, os contornos teórico-metodológicos da constituição desse objeto supõem recusas e afirmações em relação às perspectivas de tratamento do conceito de gênero que vimos expostas. Ao constituir nosso objeto de estudo, proporemos alguns deslocamentos em relação aos vários conceitos de gênero discursivo que explicitamos.

Capítulo 2 **Para uma conceituação de gênero discursivo: gêneros, acontecimento enunciativo e circulação imaginária**

Neste capítulo, interessa-nos tematizar o conceito de gênero por meio da retomada da discussão sobre o princípio dialógico constitutivo da linguagem. Isso, por um lado, poderá nos ajudar a postular a idéia de gênero como modo de organização do acontecimento enunciativo e, por outro, poderá dar as bases, do ponto de vista operatório, para a análise de nosso *corpus*. É com esse interesse que, partindo do conceito de gênero em Bakhtin, explicitaremos as percepções de alguns autores que trataram da natureza constitutivamente heterogênea–dialógica da linguagem.

Vejamos, inicialmente, como a reflexão de Bakhtin sobre os gêneros de discurso revela-se bastante produtiva na investigação sobre a produção da escrita em contexto escolar e, mais especificamente, para os objetivos deste nosso estudo.

2.1. Dialogia, gêneros discursivos e estilo em Bakhtin

A formulação que faz Bakhtin [1952-1953] (1997) do problema dos gêneros do discurso pode nos fazer compreender, em grande medida, a noção de dialogia como marca norteadora de seu pensamento. Isso porque, ao discutir o conceito de gênero em articulação com o de *enunciado con-*

creto como *unidade da comunicação verbal*, o autor nos possibilita compreender o enunciado concreto como um "elo da cadeia muito complexa de outros enunciados" (Bakhtin, *id.*, p. 291). Garante-se, por essa formulação, a historicidade como característica constitutiva de todo enunciado. Nenhum enunciado emerge em um vácuo de solitude, tampouco advém da individualidade absoluta de um suposto "Adão mítico", fonte de seu dizer e controlador dos sentidos que veicula. É exatamente contra essa concepção que se levanta a crítica baktiniana: ao pôr em questão a perspectiva *subjetivista-idealista* que marcava os estudos da linguagem do século XIX (a começar por W. Humboldt), Bakhtin opõe-se à idéia de que a língua teria uma função meramente expressiva (conforme propôs Vossler), reducionismo que atribuía à língua a capacidade de expressar o universo individual do locutor. O problema dessa concepção é que ela busca transformar o real concreto em objeto do conhecimento, colocando-o no domínio do psiquismo individual do sujeito. Emerge dessa perspectiva a idéia de um sujeito da intenção, estando o fato lingüístico caracterizado pela vontade de significar desse sujeito.

A oposição de Bakhtin fica explicitamente configurada pelo conceito de *compreensão responsiva ativa*: para o autor, o que caracteriza um enunciado como unidade real da comunicação verbal (o que não se confunde com a oração como unidade estritamente lingüística) é a possibilidade que ele estabelece de uma *alternância dos sujeitos falantes*. O enunciado, então, é produzido sempre no contexto da interação verbal. Essa reversibilidade de papéis não deve ser reduzida à mera troca de turnos de uma interlocução, mas deve ser compreendida como condição constitutiva do enunciado. Isso fica mais claro quando Bakhtin enfatiza que o acabamento específico do enunciado é *a possibilidade de responder*. Fica-nos explicitado, então, que a completude do enunciado se define exatamente por sua incompletude, isto é, por sua possibilidade de tornar-se *algo mais*.

2.2. O enunciado concreto e o conceito de gêneros do discurso

O conceito de enunciado concreto articula-se, na formulação bakhtiniana, ao de gêneros do discurso. Isso porque não é possível compreender os enunciados sem relacioná-los aos gêneros do discurso, nos quais os primeiros adquirem modos de funcionamento, de existência e de circulação que lhes dão sentido em um determinado contexto de interação verbal. A distinção que faz Bakhtin entre gêneros de discurso secundários – aqueles que "aparecem em circunstâncias de uma comunicação cultural, mais complexa e relativamente mais evoluída, principalmente escrita" – e gêneros de discurso primários – aqueles que se constituem em circunstâncias de uma comunicação verbal espontânea e que são absorvidos e transmutados pelos gêneros secundários (Bakhtin, *id.*, p. 281) – pode, ainda mais, fazer-nos compreender como o enunciado, quando aparece, condiciona-se às particularidades dos vários gêneros. A relação entre os gêneros primários e os secundários poderia ser posta em termos de maior ou menor estabilização – nos secundários haveria formas de dizer mais padronizadas, mais ou menos cristalizadas, enquanto nos primários a estabilização estaria mais sujeita ao movimento de mudança. No caso dos gêneros secundários, poderíamos pensar, por exemplo, nos tipos de texto que circulam na burocracia das instituições – ofícios, memorandos, relatórios. Quanto aos primários, caberia, por exemplo, pensar na *conversa de bar*. É claro que esses exemplos são apenas ilustrativos, pois não podemos reificar a noção de gênero em Bakhtin, circunscrevendo as práticas de linguagem a uma suposta camisa-de-força – gênero X ou Y. Ademais, a relação que os gêneros do discurso mantêm entre si é constitutivamente dialética – há um movimento de estabilização–instabilização constante. Assim, quando um gênero primário começa a alçar-se a uma maior estabilização, esse movimento mesmo produz já instabilização em gêneros secundários supostamente mais estáveis que mantêm relação com aquele.

2.3. Os gêneros do discurso e o problema do estilo

A problemática do estilo, em Bakhtin, não está dissociada da questão do gênero. Essa consideração, de certa forma, desautoriza pensar em estilo como uma escolha absolutamente livre do locutor, como manifestação de um suposto psiquismo individual, o que nos levaria a pensar no estilo a partir de um viés psicologizante, ou como fenômeno da ordem do sistema lingüístico, muito pouco provável de ocorrer dada a suposta estabilidade desse sistema. Isso parece ser recusado em Bakhtin quando o autor assinala

> que o enunciado, em sua singularidade, apesar de sua individualidade e de sua criatividade, não pode ser considerado como uma combinação absolutamente livre das formas da língua, do modo concebido, por exemplo, por Saussure (e, na sua esteira, por muitos lingüistas), que opõe o enunciado (a fala), como um ato puramente individual, ao sistema da língua como fenômeno puramente social e prescritivo para o indivíduo. (*Ibid.*, p. 304.)

A noção mesma de estilo como expressividade de um estado psicológico individual é deslocada por Bakhtin na medida em que o autor propõe o conceito de entonação expressiva. Para ele, a expressividade deve ser compreendida como efeito da relação dialógica que se estabelece entre interlocutores sócio-historicamente organizados. Assim, a expressividade é sempre perpassada pelo outro, não estando, dessa forma, imanente na palavra como unidade lingüística isolada do contexto em que funciona significativamente. O enunciado a seguir é esclarecedor dessa formulação:

> A expressividade de um enunciado é sempre, em menor ou maior grau, uma resposta, em outras palavras: manifesta não só sua própria relação com o objeto do enunciado, mas também a relação do locutor com os enunciados do outro. (*Ibid.*, p. 317.)

Com essa concepção de estilo, Bakhtin pretende pôr em questão a perspectiva da estilística tradicional,

> que tenta compreender e definir o estilo baseando-se unicamente no conteúdo do discurso (no nível do objeto do sentido) e na relação expressiva do locutor com esse conteúdo. Quando se subestima a relação do locutor com o outro e com seus enunciados (existentes ou presumidos), não se pode compreender nem o gênero nem o estilo de um discurso. (*Ibid.*, p. 324.)

* * *

A grande contribuição, a nosso ver, da reflexão bakhtiniana para a discussão da questão dos gêneros aparece inicialmente no deslocamento que o autor produz na própria história de teorização sobre os gêneros. Embora esteja bastante preocupado com questões relacionadas à teoria literária, Bakhtin propõe a existência de gêneros da *vida cotidiana* – os primários – e os localiza em relação dialética com os mais complexos – os secundários. Essa formulação ganha sentido inserida no aparelho teórico que Bakhtin constrói, em parte marcadamente caudatário do materialismo histórico. Eis por que a compreensão dos gêneros em Bakhtin não pode estar dissociada da natureza histórico-ideológica da linguagem.

Por outro lado, o conceito de gênero em Bakhtin está fundamentalmente articulado, conforme já mencionamos, ao seu conceito de *dialogia*. É esse conceito que nos permite refletir sobre os gêneros como modos particulares de organização, na continuidade do dizer, da descontinuidade dos fragmentos que compõem a *rede discursiva, a memória discursiva* em que se localizam modos particulares de, por exemplo, narrar, argumentar ou instruir.

Talvez esse seja o principal ponto de distanciamento entre as teorias de cunho sociopsicológico – tal qual a teoria dos *frames* – e as de caráter enunciativo-discursivo no tratamento do conceito de gênero. Ou seja, considerar os gêneros da ordem da constituição histórico-ideológica da linguagem traz implicações, do ponto de vista teórico e epistemológico, diferentes do que concebê-los somente em relação necessária com o *contexto*. Implica fundamentalmente compreender os modos de circulação imaginária do sujeito pelos vários gêneros – para mencionar uma discussão que desenvolveremos mais adiante.

2.4. Uma interpretação do conceito de gêneros em Bakhtin: algumas considerações complementares

Se Bakhtin define o enunciado como um "elo da cadeia muito complexa de outros enunciados" (*id.*, p. 291) e se os gêneros, na reflexão do autor, são "tipos relativamente estáveis *de enunciados*" das várias esferas da atividade humana, não é difícil pensarmos nos gêneros como um certo modo de organização, na continuidade de enunciados *relativamente estáveis*, da descontinuidade própria de interações verbais que compõem eventos enunciativos particulares[1]. Os gêneros seriam, então, constitutivos dos diversos modos de funcionamento desses eventos enunciativos, o que nos autoriza a pensar que eles mantêm uma relação necessária com práticas de produção de sentido que lhes são anteriores. A própria idéia de *acabamento específico do enunciado*, proposta por Bakhtin, parece relacionar-se com a exigência de assegurar uma certa completude, uma certa estabilidade ao que é constitutivamente instável, não-linear – as interações verbais, o acontecimento enunciativo, a linguagem e o sujeito que enuncia. Pensamos nessa *estabilidade flexível* que os gêneros engendram como necessária para que os sujeitos-falantes estabeleçam interações verbais, já que não construímos sentidos originais cada vez que enunciamos: essa originalidade levaria à impossibilidade ab-

---

1. Os termos *evento* e *acontecimento* identificam-se neste nosso estudo. No entanto, quando mencionarmos *evento*, estaremos tratando de uma particularização do *acontecimento enunciativo*.

soluta de qualquer interação. É nesse sentido que podemos assegurar a natureza histórico-social dos gêneros discursivos, na reflexão bakhtiniana. Essa historicidade tanto aponta para eventos enunciativos que são prévios à constituição dos gêneros quanto possibilita o aparecimento de novos eventos enunciativos.

Assim, o conceito de gênero, segundo nossa interpretação da formulação bakhtiniana, não se confunde com o de acontecimento enunciativo: os gêneros organizam, em formas relativamente estáveis, o que é instável, não-previsível no acontecimento enunciativo. Ao escolher, então, um determinado gênero para, por meio dele, enunciar, o sujeito já está, mais ou menos conscientemente, intrincado em modos de enunciar sócio-historicamente constituídos que lhe são prévios. Ao enunciar, estamos inseridos, portanto, em gêneros que, por sua vez, estão intrincados em uma rede discursiva que os constitui. É isso que nos faz compreender por que certos gêneros assumem grande prestígio em uma determinada época em decorrência da quase denegação de outros. É também nesse sentido que se torna pertinente, por exemplo, a preocupação quase essencialista de Benjamin (1994) quando aponta o depauperamento da arte de narrar. Segundo o autor: "É como se estivéssemos privados de uma faculdade que nos parecia segura e inalienável: a faculdade de intercambiar experiências" (*op. cit.*, p. 19). Essa degradação da narrativa, para Benjamin, relaciona-se ao rápido desenvolvimento do capitalismo, da técnica, de que decorreu o "declínio de uma tradição e de uma memória comuns, que garantiam a existência de uma experiência coletiva, ligada a um trabalho e um tempo partilhados, em um mesmo universo de prática e de linguagem" (Gagnebin, 1994, p. 11).

Se afirmamos que gênero e acontecimento enunciativo não se confundem é principalmente com o intuito de evitar uma conceituação de gênero como representação direta do real das interações verbais, isso por uma razão simples: os gêneros já constituem, eles próprios, uma construção histórica, um modo particular de apreender o real do acontecimento enunciativo e a ele dar um sentido. Não há, portanto, nenhuma possibilidade de os gêneros recobrirem todas as nuanças do acontecimento enunciativo em que estão intrincados, isso por duas razões básicas: primeiramente, porque as *esferas da atividade humana* são inúmeras e vão se diversificando historicamente em uma dinâmica que nem sempre está sob o controle dos sujeitos, e, em segundo lugar, porque não há relação direta e automática, como já mencionamos, entre o papel organizador do acontecimento enunciativo pelos gêneros e o próprio acontecimento enunciativo.

Essas reflexões nos levam a duas recusas sobre o conceito de gênero: por um lado, a recusa da idéia de que os gêneros são da ordem do psiquismo individual de falantes que, em suas interações, combinam livremente os enunciados, plasmando-os em gêneros e escolhendo sempre conscientemente os de que necessitam para se comunicar, no limite, quase re-inventando a linguagem cada vez que enunciam; por outro, a recusa da idéia determinista de que o caráter normativo dos gêneros seria tal que impediria qualquer tipo de particularidade na circulação dos sujeitos por eles.

Tanto uma recusa quanto a outra relacionam-se à nossa percepção do caráter constitutivamente instável–estável dos gêneros na reflexão bakhtiniana, o que fica configurado na própria distinção que o autor faz entre os gêneros primários – menos padronizados – e os secundários – mais padronizados, mais estáveis, mais formalizados. Há, a nosso ver, graus de estabilização dos gêneros que decorrem dos próprios modos de constituição sócio-histórica deles. Se a estabilidade não é absoluta, vale assegurar que também a instabilidade não o é. Caberia refletir, talvez, sobre *estabilidades flexíveis* como princípio constitutivo dos gêneros discursivos.

As duas recusas nos levam a pelo menos uma afirmação que, de certo modo, já mencionamos: quando enunciamos, estamos inscritos em gêneros que, por sua vez, inscrevem-se em modos enunciativos constituídos sócio-historicamente. Assim, para narrar, argumentar, descrever – restringindo-nos às tipologias que costumam circular em âmbito escolar –, é preciso *estar* (intrincado) em modos de narrar, argumentar, descrever que não se estabelecem por acaso, mas que se constituem na medida em que se estabelecem os vários gêneros e os diversos discursos que, de certo modo, tornam possível seu aparecimento. Como a relação entre gêneros e discursos é sempre dinâmica, não há por que acreditar que, dados certos discursos, haveria o aparecimento necessário de uns gêneros e não de outros: ao discurso *pedagógico*, por exemplo, corresponderiam necessariamente os gêneros "diário de leituras", "anotações de aula" ou "correspondência escolar". Preferimos acreditar, com Maingueneau (1989, p. 38), que:

> O importante é não se limitar à constatação de que existe este ou aquele gênero, mas estabelecer a hipótese segundo a qual *recorrer, preferentemente, a estes e não a outros é tão constitutivo da forma discursiva quanto o "conteúdo"*. Sobre este aspecto, pode-se examinar dois casos: – discursos concorrentes, não investidos nos mesmos gêneros; – discursos concorrentes, investidos nos mesmos gêneros, mas explorando diferentemente suas coerções.

O sujeito que enuncia não é anulado nesse processo de constituição dos gêneros, tampouco é a fonte de que eles decorrem. Eis por que podemos afirmar que, embora tendo um caráter normativo, os gêneros são atualizados em cada novo evento enunciativo que os engendra – *atualizado*, nesse sentido, traz bem a noção de algo que guarda ecos de enunciações anteriores ao mesmo tempo que cria condições para a constituição de um horizonte enunciativo novo.

2.5. Da conceituação

A partir da reflexão bakhtiniana exposta, podemos propor uma conceituação dos gêneros discursivos nos termos a seguir.

Dada a dialogia como princípio constitutivo da linguagem e pelo recurso ao conceito de *enunciado concreto* como unidade da comunicação verbal, diríamos que *gêneros discursivos* são os diversos modos de organização do acontecimento enunciativo no qual se localizam as interações verbais entre os indivíduos. Esses modos de organização plasmam, na cadeia de enunciados concretos (orais e/ou escritos), eventos enunciativos que, por definição, são instáveis. Os gêneros são, então, da ordem da *sistematicidade flexível* de eventos enunciativos prévios, o que aparece como necessário para a própria existência e constituição do sentido entre sujeitos sócio-historicamente condicionados. Ao mesmo tempo, eles permitem a constituição de novos eventos enunciativos – tendo, portanto, um caráter também prospectivo –, já que oferecem um horizonte enunciativo possível, mais ou menos padronizado, em que novas interações podem acontecer.

Em que essa definição se diferencia daquelas que mencionamos quando problematizamos os gêneros discursivos em várias áreas do conhecimento? Pensamos que a diferenciação localiza-se em pelo menos três aspectos:

a) As teorias sociopsicológicas – como a teoria dos *frames* – acabam reduzindo os gêneros a modos particulares de organização cognitiva de experiências prévias, postulando, de certo modo, uma relação imediata entre a ordem dos gêneros e a ordem do acontecimento enunciativo, sendo que os gêneros assumiriam significados a partir da referência a um modelo, armazenado e processado na memória dos indivíduos.

b) As perspectivas que tratam os gêneros como *ferramenta semiótica complexa, megainstrumento para a comunicação,* acabam por reificá-los na medida em que os concebem sobretudo como *causa* de que decorreriam as interações. O indivíduo, nesse sentido, utilizaria um instrumento – os gêneros –, que está de certo modo sob seu controle, para estabelecer comunicação com outros indivíduos. O problema, nesse caso, é que não se tematiza o outro lado da questão: o fato de que para utilizar um gênero é preciso *já estar* nele, isto é, a natureza da circulação dos sujeitos pelos gêneros não é posta em questão. Além disso, segundo essa perspectiva, os gêneros são considerados modelos *reais* que representam o conhecimento de mundo dos indivíduos.

c) Em grande parte dos estudos literários, os gêneros acabam sendo definidos pela estrutura formal dos textos, o que leva a uma tipologização dos gêneros com base em categorias formais determinadas *a priori*. Assim, um texto aparece como exemplar mais ou menos estereotipado que reflete tal e qual um gênero particular.

Conceituado o gênero, podemos recorrer a percepções de outros autores que, embora não tendo o conceito de gênero como objeto de preocupação, tematizaram a natureza sócio-histórica da linguagem e o princípio dialógico como constitutivos do processo de produção do sentido. Esse nosso movimento tem o propósito de ampliar a reflexão bakhtiniana sobre gêneros e, de certo modo, consolidar a conceituação de gêneros discursivos que propusemos.

2.6. O conceito de *transparência semiótica* em Sercovich

A reflexão de Sercovich (1977) é pertinente, no conjunto de nossas discussões, pelas contribuições que o autor traz sobre os processos discursivos de constituição do sentido e a relação deles com o que denomina *registro imaginário*. Ao tratar do problema da iconicidade, Sercovich põe em questão uma certa concepção que defende a existência de signos que adquirem sua capacidade de significar por se parecerem aos objetos que denotam, isto é, por uma capacidade de copiar certos aspectos do real.

O autor traça, então, um percurso teórico do tratamento do problema da iconicidade, chegando ao conceito de *efeito de analogia* como objeto de investigação a partir da análise do conjunto dos processos de significação de que deriva certa *sensação de realidade* (*id.*, p. 30). O que define o efeito de analogia é o fato de: a) se constituir um problema semiótico fundamental; b) não estar reduzido a uma questão de ordem empírica, perceptual ou *fenomenológica*; c) não ser suscetível de explicação a partir da lógica de classes; d) não ter recebido uma abordagem adequada em decorrência de ter sido tratado no quadro metodológico e epistemológico das correntes empiristas (*id.*, pp. 29-30).

A dimensão imaginária constitutiva de qualquer[2] *matéria significante* é o que leva Sercovich a compreender a analogia como *efeito* da relação imaginária que se estabelece entre o sujeito e um material significante. A principal implicação desse deslocamento epistemológico que produz o autor é a recusa à idéia de referência como a capacidade de um sistema semiótico qualquer de produzir um reenvio direto à realidade. O que existiria é uma *ilusão referencial* ou, como prefere denominar o autor, uma *transparência semiótica*, conceito que nos ajuda a compreender como o modo de funcionamento da referência apaga as condições de produção do discurso, criando a *sensação de transparência*, isto é, a ilusão de que há um vínculo direto entre o discurso e seu referente.

Assim, não é que a referência seja dada *a priori* ou que inexista: ela é uma construção decorrente da dimensão imaginária constitutiva de todo discurso. A esse propósito, para o autor, a

> formação imaginária [é o] conjunto dos discursos predominantemente transparentes operantes em uma conjuntura de-

---

2. O autor trata da dimensão imaginária não só em referência ao sistema de signos lingüísticos, mas em relação a todo e qualquer sistema semiótico.

terminada. A significação imaginária será a relação entre a expressão e o conteúdo de uma imagem e, por último, a relação entre um discurso transparente e um sujeito (...) será uma relação imaginária. (*Id.*, p. 34.)

Vemos, portanto, que a dimensão imaginária do discurso constitui não a relação entre discursos e objetos, mas entre discursos e sujeitos, mediada por um material semiótico. Nas palavras de Sercovich, "é possível concluir que o discurso imaginário constitui o sujeito semiótico (determina suas representações) produzindo a 'realidade' (uma determinada realidade)" (*id.*, p. 36).

Para Sercovich, uma abordagem dessa dimensão imaginária constitutiva do discurso exige a constituição de uma teoria das ideologias e de uma teoria da subjetividade, entendida como ciência do inconsciente e de suas formações. Evitaremos tratar, aqui, do modo de articulação conceptual entre imaginário discursivo e teoria das ideologias e entre imaginário discursivo e teoria psicanalítica discutido pelo autor, já que isso seria, neste momento particular de nossa exposição, desnecessário.

Qual o interesse da discussão de Sercovich para o tratamento que vimos dando ao conceito de gênero discursivo? Esse interesse aparece exatamente na recusa do vínculo direto entre discurso e realidade. Ora, se pensarmos nos gêneros como modos de organização de eventos enunciativos, podemos compreender que essa organização se dá na ordem de uma *ilusão referencial*, ou seja, os gêneros aparecem como transparentes em relação à realidade que constroem em formas relativamente estáveis de enunciados. O sujeito-escrevente, por exemplo, ao *escolher* enunciar em um determinado gênero, supõe, de um lado, que esse gênero reproduz a realidade tal e qual e, de outro, julga que está inventando uma *forma de dizer* absolutamente original: trata-se da ilusão de ser um "Adão mítico", como já sugeriu Bakhtin.

Nesse sentido, podemos considerar que os gêneros são uma *construção* ou, em outros termos, uma *interpretação* sócio-historicamente constituída e que a relação do sujeito com eles é da ordem do *registro imaginário*, o que significa dizer que esse sujeito, ao enunciar, representa de um modo particular aqueles gêneros. É nesse sentido que se torna pertinente, em termos teóricos, o interesse pela investigação dos processos de inscrição (imaginária) dos sujeitos nos vários gêneros ou, em termos bakhtinianos, dos modos de *dialogia* dos sujeitos com diferentes maneiras de enunciar que os gêneros mais ou menos estabilizam.

No caso deste estudo, fica justificado nosso propósito de investigar de que maneira sujeitos-escreventes, em eventos escolares de produção da escrita tal como o evento *Recontando histórias*, mantêm relações dialógicas com gêneros que circulam na escola – o gênero *contos de fadas*, o gênero *lendas*, o gênero *instrução da atividade de produção escrita* etc. Voltaremos a essa questão mais adiante. Vejamos, agora, como a reflexão de Pêcheux (1995), contemporânea da de Sercovich, esclarece ainda mais a questão dos processos de subjetivação do sujeito no domínio da dimensão imaginária do discurso.

2.7. O conceito de *identificação imaginária* em Pêcheux

A partir de uma teoria materialista do discurso, Pêcheux [1975] (1995) propõe o conceito de *forma-sujeito do discurso*. Esse conceito relaciona-se ao postulado althusseriano de que a ideologia interpela os indivíduos em sujeito. Como se daria, então, a constituição da subjetividade?

Para o autor, a constituição da subjetividade é da ordem da interpelação–identificação do sujeito-falante. Essa interpelação é produzida no domínio de formações discursivas intrincadas no todo complexo das formações ideológicas. Na formulação de Pêcheux,

> Toda formação discursiva dissimula, pela transparência do sentido que nela se constitui, sua dependência com respeito

ao "todo complexo com dominante" das formações discursivas, intrincado no complexo das formações ideológicas... (*Id.*, p. 162.)

Vemos, por essa formulação de Pêcheux, que ideologia não se confunde com discurso nem se reduz a ele: o discurso é uma das formas materiais das formações ideológicas. O todo complexo das formações discursivas, chamado *interdiscurso*, proporciona, em termos teóricos, a formulação de sua contraparte – o *intradiscurso*, concebido como efeito de seqüencialização, na linearidade da língua, do processo discursivo. Essa distinção – *interdiscurso–intradiscurso* – permite investigar "a construção dos objetos discursivos e dos acontecimentos, e também dos 'pontos de vista' e lugares enunciativos no fio intradiscursivo" (Pêcheux, [1969] 1993: 316).

Parece-nos significativo na reflexão de Pêcheux sobre o processo de constituição da subjetividade e do sentido a percepção do autor de que o sujeito se constitui por sua inscrição em formações discursivas determinadas. Isso implica a recusa à idéia de sujeito como fonte, origem de seu dizer.

Para a discussão que vimos propondo, o interessante na reflexão de Pêcheux é sua concepção não subjetivista da subjetividade. Sem pretender elaborar longa resenha da obra desse autor – o que seria desnecessário, dada a freqüência com que isso tem sido feito em trabalhos inscritos no referencial teórico da chamada escola francesa de Análise de Discurso –, buscamos compreender como essa reflexão, embora epistemologicamente distinta da de Bakhtin, pode esclarecer o tópico que nos tem preocupado: a constituição dos modos de *dialogia*, de inscrição imaginária de sujeitos-escreventes nos diversos gêneros que circulam na escola.

O que de mais pertinente podemos apreender, para a nossa discussão, do conceito de *assujeitamento* é a idéia de que a alteridade é constitutiva da identidade do sujeito. Essa identificação do sujeito ao interdiscurso não se realiza de forma mecânica e unívoca, ou seja, assumir que o interdiscurso seja constitutivo não implica afirmar que a constituição do sujeito se processe sempre do mesmo modo. Como sugere Possenti (1999b, p. 158),

> o sujeito pode assumir, em relação a ele [o interdiscurso], posições que não se resumem a "ser falado". Um sujeito pode "esquecer" aquilo que o determina, sua unidade pode ser da ordem do imaginário. Nada disso é incompatível com uma certa competência interdiscursiva (Maingueneau, 1984)...

O próprio Pêcheux postula essa possibilidade quando afirma que

> todo enunciado é intrinsecamente suscetível de tornar-se outro, diferente de si mesmo, se deslocar discursivamente de seu sentido para derivar para um outro. (...) todo discurso é o índice potencial de uma agitação nas filiações sócio-históricas de identificação, na medida em que ele constitui ao mesmo tempo um efeito dessas filiações e um trabalho (mais ou menos consciente, deliberado, construído ou não, mas de todo modo atravessado pelas determinações inconscientes) de deslocamento no seu espaço: não há identificação plenamente bem-sucedida, isto é, ligação sócio-histórica que não seja afetada, de uma maneira ou de outra, por uma infelicidade no sentido performativo do termo – isto é, no caso, por um erro de pessoa, sobre o outro, objeto de identificação. (*Pêcheux*, 1988, p. 56.)

Qual o interesse da reflexão de Pêcheux para os propósitos deste estudo? Pensamos que esse interesse diz respeito exatamente à complexificação da noção de subjetividade, necessária para que não tratemos o problema dos gêneros, por um lado, como definido pela estrutura do texto – o que levaria à idéia de gênero como forma em que se pode pôr conteúdos –, e, por outro, como do domínio do indivíduo que, tendo supostamente absoluto controle sobre os sentidos que veicula, poderia escolher livremente o gênero em que deseja enunciar.

Consideramos mais adequado tratar da constituição da subjetividade como inscrição imaginária do sujeito na rede interdiscursiva que o constitui. Essa perspectiva corrobora nossa observação anterior de que, para enunciar em um determinado gênero, o sujeito já precisa estar intrincado nele. Os gêneros, por sua vez, intrincam-se em redes interdiscursivas que produzem as condições necessárias ao seu aparecimento. Constituindo-se conjuntamente – daí a idéia de *intrincamento* e não de *subordinação* – com os discursos com que mantêm relações dialógicas, os gêneros vão organizando, dando uma aparência de linearização, de sistematização aos eventos enunciativos que lhes são prévios. Essa aparente sistematização – constituída de enunciados que embora apareçam como *estáveis* são, por definição, instáveis – é necessária para que os gêneros possam ser utilizados como dispositivos de comunicação, como os concebe Maingueneau (*op. cit.*, p. 36). Para o autor, um gênero implica condições de diferentes ordens, como a *comunicacional*, sobre a qual diz:

> O fato de que um texto seja destinado a ser cantado, lido em voz alta, acompanhado por instrumentos musicais de determinado tipo, que circule de determinada maneira e em certos espaços..., tudo isto incide radicalmente sobre seu modo de existência semiótica. A cada gênero, associam-se momentos e lugares de enunciação específicos e um ritual apropriado. O gênero, como toda instituição, constrói o tempo-espaço de sua legitimação. Estas não são "circunstâncias" exteriores, mas os pressupostos que o tornam possível.

e a *estatutária*, que diz respeito a

> que estatuto o enunciador genérico deve assumir e qual estatuto deve conferir a seu co-enunciador para tornar-se sujeito de seu discurso? O gênero funciona como o terceiro elemento que garante a cada um a legitimidade do lugar que ocupa no processo enunciativo, o reconhecimento do conjunto das condições de exercício implicitamente relacionados a um gênero.

As percepções de Corrêa (*op. cit.*, 1997), que tematizaremos a seguir, podem nos ajudar a explicitar ainda mais nosso propósito de conceber as *relações dialógicas* que sujeitos-escreventes mantêm com os vários gêneros em eventos de produção escolar da escrita como *modos de circulação imaginária*.

2.8. O modo heterogêneo de constituição da escrita

Com o propósito de caracterizar o que denomina "modo heterogêneo de constituição da escrita", Corrêa busca investigar "a atuação da imagem que o escrevente faz da escrita na construção do texto" (*id.*, p. VIII). Para tanto, utiliza-se das idéias de heterogeneidade e de representação, "as quais, no sentido em que as estamos [trata-se do autor] utilizando, dão pistas da divisão enunciativa do sujeito e das formas discursivas que identificam o sujeito a grupos" (*id.*, pp. 95-6). Partindo do princípio de que a linguagem tem um caráter constitutivamente dialógico, o autor postula a idéia de circulação dialógica do escrevente por três eixos de representação da escrita: a) o eixo da imagem que o escrevente faz da escrita em sua suposta gênese; b) o eixo da imagem que o escrevente faz da escrita como código institucionalizado; e c) o eixo da representação que o escrevente faz da dialogia da escrita com o já falado–escrito.

Entre esses eixos, o terceiro é o que nos interessa mais precisamente neste momento de reflexão, embora os outros dois também sejam considerados pelo autor como inscritos na ordem da dimensão dialógica da linguagem, móvel das "representações imaginárias [do escrevente] no processo de sua *expressão semiótica* através da escrita" (*id.*, p. 343).

Por meio da análise de um conjunto de redações escritas por vestibulandos durante o evento vestibular, o autor busca apreender as marcas lingüísticas que indiciam modos de dialogia que esses escreventes supõem estabelecer com uma coletânea de textos que integrava a proposta temática da redação e que deveria ser necessariamente utilizada. O interessante é notar que relevância teórica têm as marcas lingüísticas na discussão que o autor propõe: elas são tomadas não como o lugar de retorno de antigas dicotomias ainda prestigiadas pela escola – certo–errado, coerente–incoerente etc. – nem simplesmente no sentido de sua suposta eficácia para a abordagem do tema proposto para a redação, mas fundamentalmente em seu caráter de *réplica*, o que leva Corrêa a sugerir que a relação sujeito–linguagem (escrita) realiza-se por meio de modos particulares de circulação imaginária do sujeito pelo que supõe ser a escrita em sua dialogia com o já falado–escrito. Nos termos do autor,

> Mais precisamente, trata-se de localizar e explicar as representações do escrevente acerca de outros textos, outros interlocutores, outros registros discursivos, outras modalidades de sentido, todos eles, fatores relacionados com a imagem que o escrevente faz de si mesmo, de seu interlocutor e da própria escrita. Partimos, uma vez mais, da hipótese de que momentos dessa circulação imaginária podem ser retomados, em tese, em qualquer época, na escrita de qualquer pessoa, em qualquer texto. (*Ibid.*, pp. 363-4.)

A principal contribuição da reflexão de Corrêa, a nosso ver, relaciona-se com o deslocamento teórico que o autor opera em relação a muitos dos estudos da linha pragmático-interacionista sobre escrita que tomam como relevante a consideração das condições de produção do texto, do *contexto* de produção, do interlocutor, concebendo esses elementos nos limites do meramente empírico.

Ao trabalhar com o conceito de *circulação imaginária*, o autor nos mostra que a relação sujeito–linguagem não se processa como resultado direto de certas condições de produção – dadas certas condições (empíricas) de produção, os escreventes produziriam determinados tipos de textos e não outros. Essa relação constitui-se como projeção imaginária do sujeito em posições ou, como prefere denominar o autor, como *divisão enunciativa* do sujeito. Assim, as marcas lingüísticas que os escreventes deixam nos textos teriam o estatuto não de marcas subjetivas que remetem a sujeitos passíveis de uma localização individual concreta, mas de pistas que indiciam o próprio processo de constituição do fio intradiscursivo, processo marcado pelo alçamento do sujeito a posições enunciativas determinadas. Por isso a idéia de Corrêa de que a circulação do escrevente é constitutivamente dialógica.

Não é difícil articular a reflexão de Corrêa à discussão que vimos propondo sobre os gêneros discursivos. À perspectiva que temos assumido de tomar os gêneros como modos de organização de eventos enunciativos particulares na continuidade de formas relativamente estáveis de enunciados, acrescenta-se a suposição de que existem modos de circulação imaginária dos escreventes pelos vários gêneros em que estão intrincados em eventos de produção escolar da escrita. No caso do evento *Recontando histórias*, supomos haver certos modos de circulação imaginária que individuam o gesto de recontar dos escreventes-alunos, levando-nos a interpretar esse gesto como eminentemente interpretativo.

* * *

O fato de termos trazido à discussão sobre o conceito de gênero discursivo, tal como ela é proposta por Bakhtin, as contribuições de Sercovich, de Pêcheux e de Corrêa tem um propósito, conforme já mencionamos, bem particular, qual seja o de ampliar nossa interpretação do conceito de gênero discursivo.

O movimento que realizamos partiu de uma perspectiva que aborda a constituição do processo discursivo como do domínio do *registro imaginário*, dimensão constitutiva de qualquer *matéria significante*, engendrando o que Sercovich chamou de *transparência semiótica* – a sensação de que poderia haver um vínculo direto entre um material semiótico e a realidade que ele supostamente denota.

A partir dessa abordagem semiótica mais ampla, trouxemos para a discussão as percepções de Pêcheux, que se localizam no campo do discurso. A constituição da "forma-sujeito do discurso", conforme propôs o autor, tem a ver com a identificação imaginária do sujeito a redes interdiscursivas que o condicionam, produzindo a ilusão de autonomia necessária para que o sujeito possa constituir-se em sujeito de *seu* dizer.

Por fim, as contribuições de Corrêa, que se circunscrevem principalmente à constituição da enunciação escrita, puderam nos ajudar a discutir os modos de circulação imaginária de escreventes-vestibulandos pelo que supõem ser a escrita em sua gênese e a escrita como código institucionalizado. Esses modos de circulação imaginária configuram-se como modos de dialogia do escrevente com o já falado–escrito.

Passaremos a enfocar, a partir do próximo capítulo, o que já vimos tratando de modo esparso nos capítulos anteriores: as condições de possibilidade de abordar, pelo recurso ao conceito de gênero discursivo, a constituição dos modos de dialogia de escreventes-alunos, em eventos de produção da escrita, por gêneros que circulam na escola. Para tanto, contextualizaremos o evento *Recontando histórias*, espaço de produção de linguagem por que optamos para abordar a produção escolar de textos.

Capítulo 3 **Recontando histórias –
um evento de produção
escolar da escrita**

A caracterização do evento *Recontando histórias* exige que não esqueçamos que essa atividade particular tem um funcionamento que não está dissociado do funcionamento das atividades de produção da escrita na escola. É preciso tomar esse evento, portanto, como uma particularização – que tem recorrências, formas e estratégias definidas – do que se convencionou chamar, na escola, de *composição*, de *redação* ou, mais recentemente, de *produção de textos*[1].

Nosso interesse de traçar o contorno etnográfico do evento *Recontando histórias* não tem a ver com nenhuma crença de que a caracterização da situação mais concreta de produção da escrita pode, *per se*, explicar a relação sujeito–linguagem em eventos escolares de produção da escrita. Essa

---

1. Seria interessante analisar, também – embora não seja este o objeto de nossa preocupação –, os próprios modos de nomeação da prática de produção escrita na escola e em que medida eles podem apontar para os discursos sobre a escrita que circulam na escola, institucionalizados muitas vezes pela normatização legal/oficial que regra o ensino de Língua Portuguesa por documentos oficiais. O termo *produção de textos*, por exemplo, parece estar associado à tentativa de tomar a prática de produção escrita na escola como um *processo* – o que incluiria a consideração dos estágios de desenvolvimento da criança, do repertório cultural de que ela supostamente já dispõe antes de chegar à escola etc. –, e não apenas como um *produto* – lugar de verificação da apreensão, pelos alunos, de aspectos particulares da nomenclatura gramatical.

perspectiva reduziria significativamente nosso propósito de entender a constituição dos modos de dialogia dos escreventes-alunos com os gêneros que circulam na escola, já que está baseada na idéia de que os textos refletem as condições em que foram produzidos, noção que já recusamos. Preferimos acreditar, com Possenti (1993), que "não só os enunciados podem se adaptar aos contextos, mas podem também criar contextos" (*op. cit.*, p. 54).

Embora não tenhamos dado esse caráter – vínculo direto de situação de produção–texto produzido – ao evento *Recontando histórias*, não consideramos inútil recorrer à sua contextualização como indício dos discursos que supostamente o atravessam e como lugar de emergência de determinados gêneros que a escola, por meio de atividades de produção escrita, legitima e prestigia.

Passando à caracterização desse evento, poderíamos apontar, inicialmente, como vetor de seu funcionamento, o modo intertextual de sua constituição: *recontar* pressupõe a remissão necessária a um texto já existente. Esse modo intertextual de constituição da atividade pode nos levar a pôr em questão pelo menos dois de seus aspectos: a) em que implica a *opção* didático-pedagógica de disponibilizar aos alunos um texto para que, a partir dele, possam produzir um outro texto; b) estabelecida a percepção da relevância de se dar aos alunos um texto prévio para a produção de novos textos, como é feita a apresentação desse texto.

Quanto ao primeiro aspecto, poderíamos supor que ele está relacionado a uma certa percepção do princípio intertextual como marca constitutiva da produção da escrita, o que produz como efeito a tentativa de romper com concepções didáticas que tratam o texto como um todo acabado – com início, meio e fim –, auto-suficiente. Dessas posturas parece decorrerem procedimentos ainda muito comuns nas práticas de produção escolar da escrita, como, por exemplo, pedir que os alunos escrevam um texto a partir de um título disposto em uma folha em branco ou no quadro-de-giz ou, ainda, pedir aos alunos que *componham* um texto à vista de uma gravura. O fato de que a produção dos textos, no evento *Recontando histórias*, é constituída *sempre* em referência a um texto de que os alunos já têm conhecimento – ou passam a ter na escola – autoriza-nos a elaborar a suposição que mencionamos: o caráter intertextual que as atividades de ensino da escrita devem ter orienta o modo como se estabelece o evento de que nos ocupamos.

No que diz respeito ao modo de apresentação dos textos-base[2], acreditamos que ele está intrincado em um funcionamento recorrente nas práticas escolares de ensino da escrita que pode ser definido globalmente assim:

a) O gesto inicial é o do professor, que motiva os alunos para a atividade e apresenta orientações sobre as fases que a compõem, antecipando, de certo modo, o que será solicitado aos alunos posteriormente – a produção escrita de um texto. Além disso, efetiva a leitura do texto-base, ou seja, *conta a história*.

b) O gesto seguinte inclui a troca de turnos entre professor e alunos no comentário da história lida. Esse comentário busca, em geral, retomar elementos da história, como personagens principais, enredo, cenário etc., além de visar estimular os alunos para que elaborem uma interpretação *própria* do texto lido, isto é, pensem em outros finais possíveis, na inclusão de outras personagens etc.

c) Em seguida, surge o gesto do aluno, que deve, por escrito, *recontar a história* lida pelo professor.

d) O gesto final pode incluir a leitura, para os colegas, dos textos produzidos e a avaliação, feita pelo professor, desses textos.

É claro que esse funcionamento não pode ser tomado como determinante da produção escrita dos alunos, mesmo porque, a nosso ver, as recorrências de um evento de produção escrita qualquer não apagam as particularidades

---

2. Estamos designando, aqui, *textos-base* aqueles apresentados aos alunos para que, a partir deles, outros pudessem ser produzidos.

que esse evento pode apresentar cada vez que acontece. Dito isso, poderíamos fazer algumas considerações sobre os gestos enunciativos que definem o evento *Recontando histórias*.

O gesto inicial de contar a história parece constituir o móvel que legitima a atividade, já que recontar a história supõe que ela já foi contada. Assim, o gesto do professor aparece como o que funda a atividade e veicula um sentido para ela; o professor, além disso, emerge como a origem de que decorrem as histórias contadas, a *fonte* que, por um lado, detém um saber sobre as histórias – sabe, por exemplo, como elas foram produzidas, como circularam, quem são seus autores etc. – e, por outro, detém a autoridade para contar e, mais que isso, a legitimidade necessária para ser ouvido. Essa autoridade para contar implica contar de um certo modo, que inclui uma atividade lingüística falada-letrada, perpassada, portanto, por uma certa imagem do professor sobre o registro de linguagem, a modalidade e a norma de que deve se utilizar. É interessante notar, nesse caso, o aparente paradoxo que se estabelece entre o modo como a história está materialmente configurada nos textos-base – língua literária, expressões arcaicas dos contos, léxico mais ou menos em desuso etc. – e o gesto enunciativo do professor quando conta a história: com o livro nas mãos, o professor faz uso de contornos entonacionais e pausas particulares, além de inventar mímicas com o intuito de aproximar o registro de linguagem dos contos de fadas e das lendas daquele que supõe mais *adequado* à compreensão da história pelos alunos. Integra, além disso, a autoridade do professor *para contar* um certo direcionamento que a atividade deve adquirir para atingir os objetivos previamente estabelecidos por ele (o professor) ao planejar a atividade. Assim, embora apareça como gesto fundador do evento *Recontando histórias*, o gesto do professor de contar constitui-se, na verdade, antes do momento em que esse evento se estabelece no espaço escolarizado das práticas de leitura–escrita que acontecem em sala de aula, espaço marcado por uma especificação institucional que define a disciplina em que o evento pode ocorrer – a disciplina Língua Portuguesa – e o tempo disponível para a sua realização – o horário correspondente à aula de Língua Portuguesa, especificado no Plano de Curso e no Plano de Aula do professor.

O segundo gesto constitutivo do evento de que nos ocupamos pode ser considerado antecipação oral do gesto de recontar, já que o comentário feito sobre os textos-base aponta para alguns – e não outros – modos de como a história pode ser recontada por escrito.

O gesto seguinte, que, aliás, dá nome à atividade, refere-se ao ato propriamente dito de *recontar a história*. Um modo possível de conceber esse gesto é dizer que ele aponta para uma suposta reversibilidade de papéis: quem teria a autoridade de contar, nesse momento, seriam os alunos e não mais o professor. Estaria garantida, dessa forma, a liberdade do aluno de "contar", o que aparece como necessário para o funcionamento da atividade e para que ela atinja seu objetivo: a produção de um texto pelos alunos. O recontar parece constituir-se, assim, em referência aos gestos anteriores com tudo o que eles implicam – os textos-base; as expectativas do professor; as interpretações possíveis, apresentadas quando do comentário dos textos; as instruções orais (e, posteriormente, escritas) que tentam orientar a atividade etc. – e em referência a um gesto posterior particular – a avaliação dos textos pelo professor –, ou melhor, em referência àquilo que os alunos representam como expectativa do professor.

Esse gesto final pode atuar antecipadamente nos modos como os alunos recontam a história, além de representar o retorno da *voz* do professor e suspensão da aparente liberdade do aluno – quem tem a autoridade de avaliar os textos é o professor.

Reiteramos que nossa pretensão, com a sistematização do funcionamento desse evento enunciativo, não é apresentá-lo circunscrito ao que é linear, previsível, mesmo porque essa atitude reduziria esse evento a uma estrutura rígida e estática. Além disso, tal atitude nos levaria à já criticada tese de que, dadas certas condições de produção, dado certo contexto, teríamos necessariamente determinados sentidos produzidos e não outros. Por outro lado, não consideramos adequado supor que esse evento é absolutamente *novo* cada vez que se constitui, o que nos levaria à impossibilidade total de apreendê-lo. Nosso propósito, ao apresentar suas recorrências, diz respeito exatamente a nossa crença de que ele tem uma constituição que pode ser apreendida pelas regularidades que emergem como, supostamente, mais evidentes.

É exatamente o recurso a essas regularidades que nos faz postular a idéia de que o evento *Recontando histórias* põe em cena um conjunto de gêneros discursivos, tanto orais quanto escritos.

Há, por exemplo, a organização dos gestos de instruir, orientar, direcionar a atividade no que poderíamos designar como gênero *instruções da atividade de produção escrita*. Esse gênero lineariza os gestos mais ou menos esparsos do professor e, na ocasião em que os alunos recontam a história, configura-se por escrito na folha de papel onde a história deve ser recontada. É interessante assinalar que a formulação escrita das instruções feita na folha em que os alunos devem recontar a história é construída anteriormente ao evento, no momento em que o professor planejou a atividade[3]. Podemos afirmar, então, que o gênero *instruções*, tal como aparece por escrito, ao apagar as condições de sua produção – as ligadas ao planejamento feito pelo professor antes do evento e também as relativas ao seu gesto quando orienta a atividade e conta a história –, aparece em uma suposta transparência, em uma objetividade aparente necessária para que atinja seu objetivo de direcionar a atividade de recontar.

Há também o que poderíamos designar como gênero *comentário de textos*, que organiza os gestos de alunos e pro-

---

3. As folhas de papel em que aparecem as instruções por escrito e em que os alunos devem escrever seus textos são construídas durante o planejamento de aula feito pelo professor. Essas folhas são levadas já prontas para a atividade de produção de texto.

fessor quando, em trocas de turnos diversas, tentam dar ao texto-base uma interpretação.

Já o gesto de recontar a história, constituído pelos alunos, é organizado por meio da remissão aos textos-base, guardando, por um lado, características do gênero *comentário de textos* e do gênero *instruções da atividade de produção escrita* e, por outro, dos gêneros *contos de fadas* e *lendas*, apresentados como referência para o próprio gesto de recontar. Como vemos, esse gesto de *recontar*, no caso particular deste estudo, direciona-se a um conjunto delimitado de textos, pertencentes ao que poderíamos definir gênero *contos de fadas* e gênero *lendas*. Assim, o modo de *recontar*, a que esta investigação se refere, individua-se por estar associado a esses gêneros e define-se pela própria possibilidade de tomar essas *formas de enunciar* – os contos de fadas e as lendas – como gêneros. O que estaria em jogo nessa definição? O que ocorre quando um gênero, já constituído e com uma história própria de circulação, passa a integrar o conjunto de práticas escolares de produção da escrita? Quais as condições de enunciação que permitem seu aparecimento ou seu redimensionamento (quando mudam as condições em que foi inicialmente plasmado)? Essas questões poderão ser mais bem tratadas adiante, na análise dos textos.

O gesto final – a avaliação feita pelo professor – pode ser organizado nos gêneros *instrução* e *comentário de textos*, uma vez que o professor faz considerações sobre os textos produzidos, avaliando se eles atenderam ou não à proposta de recontar a história, e pode fazer recomendações de como melhorá-los.

O que a descrição dessas regularidades explicita é a ausência de fronteiras muito definidas entre os gêneros, o que confirma a emergência de uma crise da delimitação entre os gêneros atualmente. Na verdade, não se trata de os gêneros *terem sido* absolutamente delimitados e só recentemente estarem sendo apagados os limites entre eles. A *crise* que mencionamos aponta para o aparecimento de um outro modo de conceber os gêneros: não mais como uma estrutura fechada em si mesma, mas fundamentalmente em associação com o acontecimento enunciativo em que se constituem. É nesse sentido que se justifica a afirmação de François (1996, p. 120) quando sugere que os gêneros podem misturar-se ou mimetizar-se:

> – *Misturar-se*: podemos explicar uma palavra por outras palavras ou, por exemplo, generalizando ou comparando. Veremos isto em particular nas narrativas; o que faz funcionar um texto de um dado gênero é que aí se integram outros gêneros. Não haveria grande coisa numa narrativa que não seria narrativa, sem explicações, descrições, discursos reportados ou evocação de sentimentos...
> – *Mimetizar-se*: podemos, certamente, opor narrativas realistas e narrativas de ficção, narrativas de realidade e narrativas de sonhos. Mas nada impede que uma narrativa de passeio funcione como uma narrativa de sonho.

Além disso, ainda conforme François (*ibid.*):

> Em graus diversos, todo gênero comporta um grau importante de variação estilística. A classificação dos grandes gêneros é uma comodidade. Mas, da mesma maneira que o gênero da narrativa não é mais o mesmo, depois de Dostoiévski ou Proust, da mesma forma, não é certo que, entre duas narrativas de criança, os traços constantes levem vantagem sobre as diferenças.

Essa dimensão constitutiva dos gêneros – a possibilidade de se imbricarem com outros gêneros – está indiciada no próprio caráter instrucional que pode adquirir o gênero *comentário de textos*, por exemplo. Ou no modo como o gênero *contos de fadas*, quando retomado, por escrito, pelos alunos, guarda ecos do gênero *instruções*. Indicia-se ainda essa mistura genérica no próprio modo como os escreventes, ao recontarem o texto-base relativo ao gênero *lendas*, retomam elementos mais próximos do gênero *contos de fadas*.

Embora as regularidades sejam constitutivas dos gêneros – o que é necessário até para que eles se estabeleçam como dispositivos de comunicação –, há que se considerar que a estabilidade que os gêneros promovem é da ordem do flexível, do instável, do não-reificável. Isso por pelo menos duas razões que já, de certo modo, mencionamos: a primeira diz respeito ao fato de os gêneros não terem existência *per se*, constituindo-se em articulação com o acontecimento enunciativo que possibilita seu aparecimento. Nesse sentido, dependendo de como se constitui o acontecimento enunciativo em que estão intrincados, os gêneros podem produzir este ou aquele efeito ou, melhor dizendo, podem constituir-se como mais ou menos estáveis. A título de ilustração, pensemos no gênero *comentário* quando estabelecido no discurso das práticas escolares de escrita – ocasião em que os alunos recontam, por escrito, segundo um determinado registro de linguagem e uma especificação da modalidade (escrita) e da norma (a culta), histórias que lhe foram contadas, por exemplo – e quando constituído no discurso lúdico das brincadeiras infantis em conversas de roda – situação em que os indivíduos recontam casos, piadas, relatam histórias para, por exemplo, manter a própria unidade do grupo.

A outra razão que nos leva a considerar a natureza flexível da estabilidade que os gêneros promovem está relacionada a essa primeira. Se é verdade que existe o acontecimento enunciativo em que se intrincam os gêneros, há também sujeitos que, por identificações as mais diversas, inscrevem-se nesses gêneros de modos também diversos. Essa inscrição dos sujeitos, sendo imaginária, pode levá-los, por um lado, à percepção de que é possível fazer escolhas absolutamente livres de enunciados e de *formas de dizer*, e, por outro lado e paradoxalmente, pode levá-los à percepção de que seu gesto, não sendo absolutamente novo, carece da remissão a um determinado gênero. No evento *Recontando histórias*, por exemplo, os sujeitos tanto podem reconhecer a existência do gênero *conto de fadas* e a ele se alçarem na ocasião de produção de textos quanto podem *esquecer* que esse gênero foi posto em circulação durante a atividade e, então, passarem a considerar que estão construindo um texto absolutamente novo, *seu próprio*.

De qualquer forma, o que pretendemos afirmar com essas nossas reflexões é que não há, como diria Pêcheux (1988, p. 56) em um outro contexto de discussão, "identificação plenamente bem-sucedida, isto é, ligação sócio-histórica que não seja afetada, de uma maneira ou de outra, por uma 'infelicidade' no sentido performativo do termo – isto é, no caso, por um 'erro de pessoa', sobre o outro, objeto de identificação".

Assim, compreender o conceito de gênero em articulação com a tematização dos modos de circulação dialógica dos sujeitos pelos diversos gêneros que adquirem uma certa estabilidade no contexto escolar é o que diferencia nossa abordagem daquela proposta, por exemplo, por Costa (1995). Embora utilizando-se do conceito de gênero conforme proposto na reflexão bakhtiniana, Costa, talvez até pelo interesse didático-pedagógico que emerge de suas discussões, acaba por postular a idéia de que o processo de *letramento escolar* – noção bastante interessante – constitui-se como um processo de *complexificação de gêneros*. O papel da escola seria, então, levar os alunos a se apropriarem de gêneros secundários a partir dos primários com que já estão acostumados a lidar. Considerando que, para Bakhtin, os gêneros secundários são os mais formalizados, de modo geral, gêneros do domínio da escrita, corre-se o risco de se enfatizar a escrita como objeto de ensino privilegiado da escola. Isso, em última análise, pode corroborar a concepção que dicotomiza as práticas orais das letradas, mantendo o mito – posto em questão por Corrêa (*op. cit.*) – de que os fatos lingüísticos do plano do falado precedem, em termos de ensino–aprendizagem, necessariamente os do plano do escrito.

A articulação a que nos referimos entre gênero e modos de circulação dialógica do sujeito é ainda o que diferencia a abordagem que fizemos do evento *Recontando histórias* das perspectivas que focalizam as rotinas comportamentais–sociais, em si, nos processos de interação, como as baseadas no conceito de *fala instrucional escolar*, interpretada por Mehan (1979, *apud* Costa, *op. cit.*) como tendo três componentes: *I*niciação do professor, *R*esposta do aluno e *A*valiação do professor, o que forma o sistema tripartido *IRA*. Esse sistema, segundo a percepção de Costa, nem sempre se estabelece da mesma maneira. Nas palavras do autor,

> essa tréplica (IRA), o padrão mais comum de discurso em sala de aula em todos os graus, durante muitas décadas (Cazden, 1988: 29-30), e cujo evento de fala é muito comum nas aulas (*recitation type*) em que o professor controla tanto o desenvolvimento de um tópico quanto quem deve tomar o turno, nem sempre acontece tão padronizada assim. (Costa, *op. cit.*, pp. 34-5.)

Tendo caracterizado o evento *Recontando histórias*, uma questão ainda pode suscitar dúvidas: o que compreendemos por *recontar* quando optamos por considerar esse evento de produção escolar da escrita espaço de investigação da relação escrevente-aluno e linguagem. E mais: postulando a idéia de que se constituem, no espaço do evento particular de que nos ocupamos, os gêneros *instruções*, *contos de fadas* e *lendas*, quais são os modos de circulação dos escreventes por esses gêneros quando recontam histórias. As reflexões a seguir podem contribuir na compreensão dessas questões.

3.1. O que é "recontar uma história": a narratividade como princípio enunciativo

Um dos aspectos definidores, para os objetivos de nosso estudo, do gesto de recontar é o fato de ele estar intrincado no domínio do narrar. Essa decisão de localizar os gestos enunciativos dos escreventes-alunos, em sua tarefa de recontar, no plano de uma narratividade constitutiva tem pelo menos duas implicações, uma de caráter mais metodológico e outra de caráter teórico.

Em termos metodológicos, nossa decisão evita que tratemos os textos a partir de determinadas marcas lingüísticas que os inscreveriam necessariamente em tipologias definidas *a priori*: caberia, nesse sentido, detectar as marcas lingüísticas presentes nos textos e, então, organizá-los segundo esquemas de classificação preconcebidos, sem qualquer interesse em explicar a relação entre escrevente e linguagem que emerge na própria atividade de produção escrita. Essa visão reduziria os textos a *produtos* e estaria impedindo que interpretássemos, como propõe Geraldi (1996b, p. 145), os *processos indiciados nos produtos*.

Essa decisão metodológica decorre da de caráter mais teórico, baseada na sugestão de Corrêa (*op. cit.*, p. 9) de considerar a narratividade – "presente sempre que o homem enuncia" – como "princípio enunciativo e não enquanto tipo (ou gênero) de texto". Nessa perspectiva, podemos dizer que a tarefa de recontar histórias, composta de gestos enunciativos organizados em gêneros diversos – como os gêneros *relatos de experiência, contos de fadas, resumos* –, é constitutivamente narrativa. Nesse sentido podemos supor que, tanto quanto outras marcas de enunciação, a narratividade ganha especificidade de acordo com o gênero em que ocorre[4].

O que vale discutir, tendo considerado a decisão teórica exposta, é o que particulariza a enunciação narrativa quando imbricada na tarefa escolar de recontar histórias e não, por exemplo, na tarefa de dissertar sobre um tema.

Consideramos que a particularidade dessa enunciação refere-se à produção de um efeito de referencialidade como constitutivo da tarefa de recontar, até porque o *recontar* parece já pressupor o *contar*, o que indicia uma relação intertextual necessária, embora nem sempre suficientemente mostrada na materialidade lingüística dos textos produzidos. O modo pelo qual esse efeito de referencialidade é tomado depende de pelo menos duas formas de encarar a tarefa de recontar.

Um primeiro olhar para essa tarefa talvez possa nos le-

---

4. Essa observação nos foi feita por Manoel L. G. Corrêa, a quem agradecemos a leitura atenta deste texto.

var a tomar o recontar histórias como tarefa de parafrasagem do já-dito. Seguindo nessa direção, afirmaríamos que o que está na base da proposta de recontar histórias é a concepção que trata a linguagem como transparência de sentido – ao recontar uma história, os alunos estariam reproduzindo tal e qual o que já foi dito nas histórias que ouviram. Estaríamos supondo, então, que por trás dessa atividade estaria esboçada uma exigência de literalidade do sentido e, ainda, de um efeito de referencialidade absoluta dos textos produzidos pelos alunos em relação aos textos-base.

O gesto enunciativo de recontar, nesse caso, produziria o que Sercovich – problematizando a questão da iconicidade – denominou *sensação de realidade* ou *ilusão de referencialidade*, isto é, a impressão de que, recontando, estaríamos retomando a realidade *tal como ela é*. Essa é, de certo modo, a perspectiva de muitos estudos sobre narrativas que, não problematizando a noção de representação, as consideram registro direto do vivido – nesses estudos, os fatos narrados aparecem descritos na mesma ordem em que aconteceram efetivamente (cf. a propósito Kostenbaum, 1993; Saleh, 1999). O texto de *tipo narrativo* aparece, segundo essa perspectiva, como lugar onde se produzem evidências referenciais suficientemente determinadas no próprio tecido textual. Apagam-se, dessa forma, as condições de produção que poderiam alçar o gesto narrativo à condição de gesto constitutivamente enunciativo.

Um outro olhar sobre o efeito de referencialidade característico do gesto de recontar diz respeito a encarar esse gesto do ponto de vista da *circulação imaginária* de sujeitos em posições enunciativas prévias: ao recontar uma história, estaríamos nos inscrevendo em modos mais ou menos estabilizados de narrar. O conceito de circulação imaginária – já mencionado – afastaria a idéia de um sujeito inventor de gestos narrativos absolutamente novos, originais e, conseqüentemente, a idéia de enunciação como ato individual irrepetível que não retoma absolutamente nada de outro ato prévio de enunciação (a respeito dessa questão e sobre a relação entre referência e sentido literal, ver Neto, 1999; Possenti, 1999a; Pires de Oliveira, 1999). Admitindo-se, portanto, que há um caráter de referencialidade no gesto de recontar e que esse caráter se constitui por meio da inscrição imaginária de sujeitos em posições enunciativas prévias, podemos ainda acreditar que recontar é, de certo modo, *imitar* – no sentido em que Maingueneau (1989) tratou a imitação ao distinguir nela dois valores opostos: a captação e a subversão. Para o autor,

> a imitação pode incidir *sobre um gênero*, isto é, produzir enunciados que não remetem a nenhum texto autêntico, conhecido pelos destinatários, ou *sobre um texto particular*, e, nesse caso, evidentemente, também absorve as coerções do gênero ao qual o texto pertence. Obtêm-se, assim, quatro casos de figuras extremas:
> a) captação de um gênero;
> b) captação de um texto singular e de seu gênero;
> c) subversão de um gênero;
> d) subversão de um texto singular e de seu gênero. (*Ibid.*, p. 102.)

Seja como *captação* ou como *subversão*, é preciso reiterar que o caráter de imitação do gesto de recontar constitui-se como circulação imaginária de escreventes-alunos pelo que supõem ser, por exemplo, o gênero em que enunciam. É, portanto, esse conceito – o de circulação imaginária – que torna pertinente a idéia de um sujeito que não é individual nem universal, mas *individuado* (cf. ainda Corrêa, *op. cit.*), isto é, de um sujeito que, em sua divisão enunciativa, alça-se a posições enunciativas localizadas na rede interdiscursiva que o constitui, a si próprio e a seu discurso. É nesse sentido também que vemos como pertinente o conceito de *singularização* (que poderia ser tomado também como *individuação*), que diz respeito ao modo de inserção singular do sujeito na linguagem. É ainda nessa direção que o procedimento metodológico de que nos utilizaremos para a análise, o *paradigma indiciário*, ganha relevância.

3.2. A constituição do *corpus*

Tendo abordado globalmente o evento *Recontando histórias* a partir dos gestos enunciativos que o constituem e que podem organizar-se em formas relativamente estáveis de enunciados, e após termos delimitado o que vimos entendendo por gesto de recontar, podemos enfocar mais explicitamente as atividades particulares de que decorreram os textos que iremos analisar: a) a atividade em que os alunos recontam o conto "Chapeuzinho Vermelho" e sua paródia, feita por Chico Buarque em seu "Chapeuzinho Amarelo"; b) a atividade em que os alunos recontam a lenda "A Cobra Grande".

Entre todos os textos produzidos nas atividades particulares mencionadas, dispomos de apenas uma parte deles, ou porque houve alunos que, em uma ou outra atividade, não produziram textos ou porque não tivemos acesso a textos supostamente produzidos[5].

Quanto à atividade em que os alunos recontaram o conto "Chapeuzinho Vermelho" (e "Chapeuzinho Amarelo"), dispomos de dez textos, todos produzidos em 1995 e por pequenos grupos de alunos. Já quanto aos textos produzidos em referência à lenda "A Cobra Grande", dispomos de vinte textos, produzidos em 1996. Nosso *corpus* é composto, portanto, por trinta textos.

Um aspecto que chama a atenção nesse *corpus* refere-se à datação dos textos produzidos: eles abrangem dois períodos letivos, 1995 e 1996. Esses períodos correspondem a uma parte do tempo em que estivemos envolvidos com turmas de segunda série do ensino fundamental, e cada ano letivo referido equivale a uma turma. Outro aspecto do *cor-*

---

5. Como dissemos na Introdução deste estudo, os textos de que dispomos para a análise têm uma história de constituição que precede qualquer interesse de torná-los *corpus* de uma pesquisa acadêmica. Isso não invalida, de forma alguma, a análise que proporemos aqui, uma vez que os textos de que dispomos são bastante representativos, em termos até quantitativos, do conjunto de textos que porventura foi produzido pelas turmas de segunda série.

pus diz respeito aos sujeitos-escreventes que estiveram envolvidos nessas atividades. Com efeito, o que caracteriza o conjunto de alunos a que podemos associar o *corpus* desta investigação é exatamente a heterogeneidade. Trata-se, portanto, de uma população que se diferencia tanto em termos socioeconômicos quanto no que diz respeito a referenciais de leitura e de escrita com que tiveram contato em seus ambientes de proveniência. Integram, portanto, nossa população de investigação, tanto alunos cujos pais eram, na época em que os textos foram produzidos, professores – mestres e doutores – da UFPA quanto alunos cujos pais eram mestres-de-obra, serventes e/ou funcionários técnico-administrativos do quadro de pessoal dessa universidade. Esses alunos provinham dos mais variados pontos da cidade de Belém, em geral, não próximos à escola. É comum terem começado a estudar por volta dos cinco anos de idade na seção Jardim de Infância da escola. Cabe considerar, então, que, na ocasião de produção de textos – no ano em que cursavam a segunda série do ensino fundamental –, esses alunos já dispunham de uma história bastante significativa de leituras de textos da chamada *literatura infantil*, por exemplo.

Feitas essas considerações sobre o *corpus*, passaremos a explicitar o que se constitui foco de nossa observação no tratamento dos dados.

3.3. O tratamento dos dados

Conceituados como *modos de organização que plasmam, na cadeia de formas relativamente estáveis de enunciados, o acontecimento enunciativo,* e considerados na perspectiva da relação sujeito–linguagem em eventos de produção escolar da escrita, os gêneros discursivos são conceito necessário, neste nosso estudo, para investigarmos modos de circulação dialógica que escreventes-alunos de segunda série do ensino fundamental estabelecem com os vários aspectos que constituem o evento particular *Recontando histórias*. Apreenderemos esses modos de dialogia pela análise de textos que os escreventes produziram atendendo à proposta do professor de recontar histórias por ele lidas–contadas.

Os textos serão examinados, então, em sua natureza de *réplica*, de *contrapalavra* – como concebidas por Bakhtin (1952-53) e como tratadas por Corrêa (*op. cit.*) em sua leitura desses conceitos bakhtinianos – à proposta de produção escrita feita pelo professor.

Fica delimitado, assim, que, dos gestos enunciativos que constituem o evento *Recontando histórias*, já mencionados anteriormente, centraremos nossa análise em dois aspectos particulares: a) o gesto enunciativo inicial do professor, organizado no que denominamos gênero *instruções da atividade de produção escrita*; b) os gestos enunciativos dos alunos quando recontam a história.

Cabe lembrar ainda que o gênero *instruções* será abordado segundo o modo particular pelo qual se configura, por escrito (tal qual o que poderíamos definir de *comando de questão*), na folha de papel em que os alunos deveriam escrever seus textos. O funcionamento desse gênero será caracterizado por meio da detecção das marcas que indiciam a tentativa das instruções de regrarem o gesto de recontar histórias, seja por meio do registro que fazem de uma leitura particular dos textos-base pelo professor – de quem decorrem as instruções –, seja por meio da abertura de um suposto espaço de interpretação para os alunos, ocasião em que as instruções orientam para mudanças possíveis que os alunos poderiam produzir nos textos-base.

Já quanto aos gêneros *contos de fadas* e *lendas*, dos quais fazem parte os textos-base que serviram de referência para a atividade de recontar, o funcionamento de que se investem no *Recontando histórias* – um funcionamento escolarizado – não está dissociado do modo pelo qual historicamente funcionaram em práticas narrativas de cunho oral–letrado, conforme veremos. Vale assinalar apenas que, no caso do gênero *lendas*, essa nomeação aparece também nas instruções. Trata-se, a nosso ver, de uma relação intergenérica, em que um gênero pode até ser portador da nomeação de outros.

Maingueneau (*op. cit.*, p. 34) observa fato similar quando analisa a *correspondência dos leitores*. Segundo o autor, haveria, nesse caso, dois gêneros em níveis distintos: a) por um lado, as cartas dos leitores, resultantes do gênero *epistolar*, que se apresentam como cartas abertas ou como cartas comuns; b) por outro, a rubrica *correspondência dos leitores*, um dos gêneros jornalísticos, produzido a partir das cartas.

É claro que a nomeação dos gêneros não pode estar baseada no procedimento reducionista de dizer que "é gênero tudo o que se diz ser gênero" ou que "esse gênero é X ou Y porque se diz que ele é X ou Y". A nomeação que propomos define-se pelo modo de funcionamento desses gêneros no todo do evento *Recontando histórias*.

Por fim, quanto à abordagem metodológica dos textos, uma decisão, embora já mencionada, nos parece revelante ser explicitada. Ela diz respeito ao recurso que faremos, no tratamento dos dados, ao que tem sido chamado de *paradigma indiciário* de investigação, conforme veremos a seguir.

3.4. O *paradigma indiciário* como referencial metodológico no tratamento dos dados

O chamado paradigma indiciário ganha relevância como perspectiva metodológica de investigação a partir da crítica de Carlo Ginzburg (1989), historiador italiano, aos métodos positivistas e aos modos pelos quais eles foram transpostos para as ciências sociais. Segundo o autor, por muito tempo e em decorrência de seu compromisso histórico com a ciência positivista, os estudos na área das ciências humanas relegaram a segundo plano o chamado *dado singular*. Ginzburg (*op. cit.*), ao pôr em questão o método galileano, aponta como suas principais características a quantificação e a repetibilidade dos fenômenos. Nos termos do autor, o verdadeiro obstáculo à aplicação do paradigma galileano era a centralidade maior ou menor do elemento individual em cada disciplina. Quanto mais os traços individuais eram considerados pertinentes, tanto mais se esvaía a possibilidade de um conhecimento científico rigoroso. (*Ibid.*, p. 163.)

Como se vê, o rigor científico, nessa perspectiva, estaria diretamente relacionado à possibilidade de reprodutibilidade do estudo, o que, por sua vez, seria indicador da confiabilidade e da validade *imprescindíveis* para a assunção da investigação ao *status* de *ciência*.

Em contraposição a essa perspectiva, teríamos o chamado paradigma indiciário, cujas bases são bem expressas pelo enunciado do famoso detetive Sherlock Holmes, personagem dos contos de Conan Doyle: "Um dos meus axiomas é que as pequenas coisas são infinitamente as mais importantes".

Tentando explicitar as *raízes* do que denominou paradigma indiciário, Ginzburg mostra como esse modelo epistemológico tem seus fundamentos na experiência milenar de decifração de pistas pelos caçadores e nas práticas divinatórias de povos da antiguidade mesopotâmica. No saber de tipo venatório, valorizam-se como imprescindíveis pistas que têm, em sua suposta insignificância, uma importância crucial na reconstrução de uma realidade complexa não experimentável diretamente. Parece estar nesse aspecto o principal deslocamento epistemológico que um paradigma como o que o autor propõe pode operar – ancorado no qualitativo, o saber indiciário possibilita a apreensão de fenômenos pela interpretação de indícios em geral negligenciados. Trata-se de uma forma de saber, portanto, que desestabiliza o mito de uma suposta neutralidade científica, uma vez que o pesquisador é interpelado como sujeito constitutivo do processo de investigação: os dados são uma construção, são constituídos pelo próprio gesto teórico que os apreende e os interpreta. Isso não implica supor que a teoria exista em um *apriorismo* absoluto e os dados sirvam, então, apenas de legitimadores do que a princípio já estaria estabelecido: o papel do investigador seria tão-somente o de adequar os dados a sua teoria. Na verdade, quando se fala nos dados como uma construção, está-se querendo dizer que eles também podem desestabilizar continuamente o olhar teórico do investigador, isto é, a teoria é construída no próprio processo de constituição dos dados como material de análise. É por isso que o saber indiciário exige um outro olhar diante dos fenômenos por conhecer, um olhar que busca o dado singular, o indício, reconstruindo uma determinada realidade pelo gesto de, a partir dos efeitos, estabelecer uma interpretação possível do *processo* que plasmou os fatos sob análise.

É pelo confronto dessas duas perspectivas epistemológicas que Ginzburg chega a formular o grande impasse pelo qual passa o conhecimento científico ao longo de sua história:

> sacrificar o conhecimento do elemento individual à generalização (mais ou menos rigorosa, mais ou menos formulável em linguagem matemática) ou procurar elaborar um paradigma diferente, fundado no conhecimento científico (mas de toda uma cientificidade por se definir) do individual. (*Ibid.*, p. 163.)

Buscando materializar sua formulação do chamado método indiciário, o autor estabelece a convergência dos procedimentos de investigação de Morelli, Holmes e Freud. Para ele,

> nos três casos, pistas talvez infinitesimais permitem captar uma realidade mais profunda de outra forma inatingível. Pistas: mais precisamente, sintomas (no caso de Freud), indícios (no caso de Sherlock Holmes), signos pictóricos (no caso de Morelli). (*Ibid.*, p. 150.)

É dessa forma que Ginzburg mostra como, no final do século XIX, começa a se afirmar nas ciências humanas um modelo epistemológico baseado na semiótica. Esse modelo estaria baseado no conhecimento do dado singular, de "formas de saber tendencialmente mudas, [uma vez que] suas regras não se prestam a ser formalizadas nem ditas" (*ibid.,* p. 179). O rigor metodológico que o paradigma indiciário propõe é, nos termos do próprio Ginzburg, um "rigor flexível" que, se, por um lado, não se confunde com a "intuição supra-sensível dos vários irracionalismos dos séculos XIX e XX" (*id. ibid.*), por outro, afasta-se do rigor historicamente prestigiado pelos procedimentos experimentais das chamadas ciências da natureza.

A leitura que Abaurre (1996) e Abaurre *et al.* (1992, 1995) fazem do paradigma indiciário como possibilidade metodológica nos estudos em aquisição da linguagem busca exatamente compreender a relevância teórica dos dados singulares no processo de aquisição da escrita. Ora, compreender o processo implica muito mais que considerar os textos dos escreventes *dados brutos*, meras evidências ajustáveis à perspectiva teórica do pesquisador. Pelo contrário, compreender o processo supõe fundamentalmente compreender os dados como indícios da relação que o sujeito (no caso, aqui, escrevente) mantém com a linguagem em eventos de produção escrita. É nesse sentido que Abaurre *et al.* propõem que os dados singulares têm uma natureza cambiante, isto é, eles indiciam a "complexidade da relação entre um sujeito e um objeto que estão continuamente a modificar-se, nos movimentos mesmos dessa relação" (Abaurre *et al.*, 1992, p. 11).

Vale reiterar que a consideração do método indiciário nos estudos sobre aquisição da escrita não se confunde com o que muitos poderiam identificar como a retomada de uma visão empirista ou idealista da subjetividade: os dados não têm um fim em si mesmos, eles apontam para hipóteses que podem informar acerca de um processo que traz, em sua constituição, a relação entre o instável e o estável – a própria relação do sujeito com a linguagem.

Fica descartada, então, de nossa abordagem metodológica uma perspectiva analítica que vise à *linearização* de uma relação que é constitutivamente não-linear – a relação sujeito–linguagem. Acreditamos ser incompatível com nossa proposta, portanto, uma perspectiva que busque estabelecer uma coerência, uma unicidade na descrição de enunciados da escrita escolar infantil. Isso poderia constituir nossa análise como o retorno do tão conhecido *mito do déficit* – os textos dos alunos olhados da perspectiva do que lhes falta. Com isso, nossa análise não se diferenciaria muito do que a escola supostamente já prioriza como procedimento de avaliação da produção escrita infantil. Com efeito, nas práticas de produção escolar da escrita, os textos dos alunos parecem ser considerados *evidências*, lugar de retorno de dicotomias que a própria escola prestigia – coerente–incoerente; certo–errado; bem formado–mal formado. Assim, como efeito de sua posição no contexto escolar, o professor (a voz da autoridade) acaba por estabelecer um sentido uno para o texto e os indícios que dele podem emergir são concebidos como imperfeições da *gramática infantil* (cf. Abaurre, 1996; Smolka, 1988). Apaga-se, dessa forma, o sentido dos indícios como lugar de compreensão da relação sujeito–linguagem. Isso porque tais indícios passam a ser tomados como lugar de recrudescimento da normatização gramatical. Assim, na escola, tudo o que poderia significar a dissensão do sujeito e a pluralidade dos sentidos deve ser banido da linguagem, sendo reduzido à ordem do puramente gramatical ou estrutural. Quando o sujeito-escrevente – na divisão enunciativa que o constitui – escapole pelas reentrâncias dessas coerções, acaba geralmente por pagar o preço da não-legitimação do seu dizer.

Essa digressão de cunho pedagógico é pertinente, neste momento – quando delimitamos nosso procedimento metodológico –, porque nos alerta para a necessidade de diferenciarmos nossa postura analítica como pesquisadores – e, dado relevante, como professores-pesquisadores – do tratamento que a escola, pensada ou impensadamente, já atribui a textos de escreventes-alunos. A relevância que atribuímos aos indícios da escrita infantil funciona, em nossa proposta metodológica, em um sentido bem particular: eles não são nem a representação direta da relação que o sujeito estabelece com a linguagem, nem o pretexto para uma postura analítica que tenta *linearizar* essa relação, como se ela fosse transparente. Pelo contrário, os indícios revelam a relação sujeito–linguagem em sua complexidade constitutiva, em sua opacidade. É nesse sentido que podemos compreender o seguinte *princípio metodológico preliminar e geral* proposto por Abaurre *et al.* (1992) quando tratam do procedimento indiciário nos estudos em aquisição da linguagem escrita. Segundo as autoras, trata-se de

> Buscar explicitar, durante os vários passos de cada investigação, os critérios que nos levam a selecionar detalhes e indícios considerados relevantes para as nossas análises. (*Op. cit.*, p. 13.)

As considerações acima arroladas apontam para o que seria a perspectiva teórico-metodológica por nós adotada, que poderia ser enunciada nos seguintes termos:

a) A utilização do paradigma indiciário como possibilidade de apreender, pelos indícios presentes nos textos dos escreventes-alunos, modos de dialogia desses escreventes com gêneros postos em circulação no evento *Recontando histórias*;
b) A interpretação dessa relação indiciada nos produtos, isto é, na materialidade lingüística dos textos dos escreventes.

3.5. Para uma caracterização enunciativo-discursiva dos gêneros

Havíamos dito anteriormente que, entre os gestos enunciativos que constituem o evento *Recontando histórias*, centraríamos nossa atenção em dois aspectos particulares: a) o gesto enunciativo inicial do professor, organizado no que denominamos gênero "instruções da atividade de produção escrita"; e b) os gestos enunciativos dos alunos quando recontam a história, organizados por meio da remissão aos textos-base, guardando, por um lado, ecos do gênero "comentário de textos" e do gênero "instruções da atividade de produção escrita" e, por outro, dos gêneros "contos de fadas" e "lendas", apresentados como referência para o próprio gesto de recontar. Não basta que a nomeação desses gêneros seja resultado do simples desejo de designá-los de um modo e não de outro. Eis por que, dada a conceituação de gêneros discursivos que propomos, considerarmos imprescindível caracterizá-los em função de seu funcionamento particular no evento de que nos ocupamos.

Essa caracterização põe em jogo, como já mencionamos, a necessidade de considerar o que ocorre quando um gênero, já constituído e com uma história própria de circulação, passa a integrar o conjunto de práticas escolares de produção da escrita. Quais as condições de enunciação que permitem seu aparecimento e sua individuação (quando mudam as condições em que foi inicialmente plasmado).

A distinção que faz Rojo (s/d, p. 9), baseada em B. Schneuwly, entre *gêneros escolares* – "aqueles que são meios de comunicação no interior da escola, eminentemente orais (definições, explicações, exposições)" (*id., ibid.*) – e *gêneros escolarizados* – "aqueles que a instituição escolar toma, explicitamente, por seu objeto (ou conteúdo) de ensino, especificamente, de escrita" (*id., ibid.*) – parece ser produtiva para a discussão das questões levantadas no parágrafo anterior. Embora produtiva, essa distinção poderia ser ampliada, já que não é fácil admitir que os ditos *gêneros escolares* estejam mais associados à modalidade oral e os *escolarizados* identificados com a escrita. Um exemplo de gênero escolar seria a "correspondência administrativa" que circula, por escrito, entre segmentos da escola, como entre a direção e o corpo técnico – supervisores, psicólogos etc. Por outro lado, a "feira de mercadorias", em que os alunos simulam práticas de compra e venda de produtos no espaço da sala de aula, assim como a realização de sessões de entrevista com pessoas da comunidade escolar, pode estar mais próximo do que foi definido como gênero escolarizado e, no entanto, trata-se de práticas orais.

Ampliada, a conceituação proposta por Rojo permite-nos acompanhar o percurso de constituição e de circulação dos gêneros *contos de fadas* e *lendas*, bem como compreender os modos de constituição do gênero *instruções para a atividade de produção escrita*, fugindo da caracterização puramente formal, presa a um funcionamento interno desses gêneros – tomados, em geral, apenas como *produtos* em cuja materialidade lingüística estariam *a priori* e suficientemente postos aspectos de ordem semântica, sintática, lexical etc.

3.5.1. *De princesas, meninas, lobos e cobras*: considerações sobre os gêneros "contos de fadas" e "lendas"

Embora bastante distinta entre si, a constituição histórica dos gêneros[6] *contos de fadas* e *lendas* apresenta aspectos que os aproximam, como os que menciona Zilberman (1988, p. 30) ao tratar da literatura oral popular: a) o modo coletivo de produção, o que anula a *individualização do autor*; b) o diferencial que estabelece em relação aos objetos culturais que circulam entre os meios *elevados e cultos*; e c) a circulação oral, devida à natureza ágrafa da população rural.

É claro que não podemos fazer corresponder a história de constituição dos contos de fadas à das lendas. Entretan-

---

6. Note-se que a própria opção por considerar tais práticas discursivas no limite da conceituação de gêneros que propomos já integra as condições de produção de nossa análise; isto é, o gesto teórico de designá-las como *contos de fadas* e como *lendas* remete às constrições impostas pelos objetivos de nossa análise. Isso não invalida a suposição de que esses assim chamados gêneros caracterizam-se em função do funcionamento que adquirem no evento particular de que estamos tratando – o recontar histórias. Parece ser este o diferencial de nossa postura analítica: associados à conceituação de gêneros que propomos – o que indica uma opção teórico-metodológica –, o conto de fadas e a lenda são concebidos em relação às condições de enunciação que proporcionaram um certo modo de constituição e de funcionamento deles no evento *Recontando histórias*.

to, os aspectos mencionados ajudam-nos a estabelecer as bases necessárias à caracterização das condições de aparecimento desses gêneros.

No caso dos contos de fadas[7], temos uma constituição histórica que remete a práticas milenares de circulação de histórias já entre povos da Antiguidade. Essas histórias teriam uma função particular na *comunidade narrativa* – para mencionar um conceito utilizado por Lima (1985) – em que foram plasmadas. Jesualdo (1978, p. 112; *apud* Souza, *op. cit.*, p. 22) interpreta essa função da seguinte forma:

> É que o homem, acumulando experiências, após uma longa contemplação da natureza e seus fenômenos, foi obtendo o domínio sobre o mundo exterior e, na esperança de dominá-lo totalmente, tratou de criar um mundo onde, desde o princípio, tudo está sujeito à sua vontade.

A circulação dessas histórias, no início eminentemente oral, ganha um novo estatuto a partir de sua fixação pela escrita, tarefa atribuída geralmente a Perrault e aos irmãos Grimm[8]. É relevante assinalar as implicações do próprio gesto de compilar tais histórias, momento em que se pode localizar o aparecimento da rubrica *contos de fadas*. Apreendidos da tradição narrativa oral, os *contos de fadas* adquirem um funcionamento histórica e ideologicamente marcado pelos

---

7. Segundo Souza (1996, p. 23): "O termo 'conto de fadas' passou a ser empregado em fins do século XVII, quando os primeiros compiladores de contos da tradição oral começaram a publicar suas coletâneas. Essa denominação e a de 'conto popular', aqui também utilizada, se aplicam, ambas, à espécie de narrativa onde interfere o elemento maravilhoso. Quanto à palavra 'fada', tem raiz grega, significando 'o que brilha'. Da idéia e do radical, derivou para o latim *fatum*, que é o destino humano. Falar, fábula, fatalidade, fado e fada provêm, igualmente, dessa origem greco-latina."

8. Em 1697, Perrault reúne seus relatos na coleção "Histórias de Mamãe Gansa", dirigida ao filho de Luís XIV. Já a primeira coletânea atribuída aos irmãos Grimm aparece em 1812 – o propósito da edição era "envolver o público adulto e especialmente aquele interessado nos aspectos poéticos, mitológicos e históricos desses contos". Na segunda edição ("Contos da Criança e do Lar"), de 1815, já há um interesse em adequar as histórias à leitura infantil (Souza, *op. cit.*, p. 31).

interesses da sociedade burguesa em franca expansão, a partir do século XVII. É isso que nos faz compreender o crescente processo, a partir de então, de *industrialização da literatura* (Zilberman, *op. cit.*, p. 36). Além desse aspecto, um outro parece caracterizar a transição dessa tradição narrativa oral – que está na base dos "contos de fadas" – para os limites impostos pela rubrica *contos de fadas*: trata-se da articulação que se passou a fazer entre esse objeto – agora fixado pela escrita – e a infância, isto é, os contos populares passaram a adquirir o estatuto de *histórias para crianças* ou, em outros termos, de *literatura infantil*. As considerações de Magnani (1989, p. 48) a esse respeito são esclarecedoras.

> Desde que começou a se tornar um gênero à parte (no início ainda sem uma divisão rígida entre crianças e jovens), essa literatura [a infanto-juvenil] teve especulada sua função pedagógica, uma vez que esteve sempre subordinada à autoridade do adulto, seja na família, seja na escola, e tanto no que diz respeito à produção e difusão como à escolha e utilização dessas leituras. Sua gênese ocorre simultaneamente à institucionalização da educação e ao surgimento de um novo conceito de criança e infância que acompanha a ascensão da burguesia européia. Segundo Ariés, existe uma relação entre os sentimentos de infância e família e o sentimento de classe. Analisando historicamente a questão, o autor mostra como a antiga comunidade dos jogos, onde não havia distinção de idade e classe entre os participantes, se rompe simultaneamente entre crianças e adultos e entre povo e burguesia emergente no século XVIII. No bojo dessa atomização do corpo social polimorfo e rígido, surgem novas formas de lazer e novas necessidades para lhe dar sustentação ideológica.

Para o que mais interessa aos objetivos deste estudo, destaca-se de que maneiras, uma vez estabelecida a articulação entre literatura popular oral (materializada em um objeto particular – o livro) e infância, foi-se constituindo o processo de escolarização da leitura e do livro, o que implicou, desde então, um fenômeno de *pedagogização* – institucionalmente produzido – das práticas de leitura e de escrita.

Para Zilberman (*op. cit.*, p. 17), esse fenômeno teve contornos histórico-ideológicos bem definidos. Segundo a autora,

> A prática da leitura foi ostensivamente promovida pela pedagogia do século XVIII, pois facultava a propagação dos ideais iluministas que a burguesia ascendente desejava impor à sociedade, dominada ainda pela ideologia aristocrática herdada dos séculos anteriores.

O reconhecimento dessa sócio-história de constituição do gênero *contos de fadas* parece não ser inútil para o conjunto de reflexões que vimos fazendo, uma vez que pode levar-nos a compreender as condições de sua emergência no evento escolar de que nos ocupamos – o *Recontando histórias*[9] –, evitando tratá-lo (o gênero *contos de fadas*) segundo categorias que lhe seriam imanentes. A propósito, embora localizando-se em outro contexto de discussão, são relevantes as reflexões de Magnani (*op. cit.*) sobre como a literatura infanto-juvenil, uma vez transposta para o funcionamento das práticas de leitura escolares, adquire um *funcionamento conforme*, produzindo uma espécie de *trivialização do gosto*, processo pelo qual padrões e modelos de uma suposta leitura ideal são estabelecidos no espaço escolar. Segundo a autora, esse funcionamento conforme não impediria o aparecimento de *disfuncionamentos*, isto é, a emergência de práticas de leitura que representam uma fissura na homogeneização imposta pelo modo pelo qual a leitura é produzida e circula na escola.

Quanto ao que temos considerado gênero *lendas*, poderíamos afirmar que a forma de sua constituição e de sua circulação apresenta similaridades em relação ao que expu-

---

9. É importante reiterar que o conto que serviu de referência à tarefa de recontar foi "Chapeuzinho Vermelho" na versão de Perrault. Além desse, utilizamo-nos, durante a atividade, do texto "Chapeuzinho Amarelo", que se constitui em paródia do conto clássico, escrito por Chico Buarque. Evitaremos sintetizar "Chapeuzinho Vermelho", uma vez que sua circulação é bastante expressiva e o acesso a ele bastante simples. Quanto a "Chapeuzinho Amarelo", considerações sobre ele serão feitas na ocasião de análise dos textos produzidos pelos alunos.

semos a respeito dos contos de fadas. O que de mais explícito aproxima as duas tradições narrativas – em que se constituíram esses gêneros – é o fato de se terem estabelecido em comunidades eminentemente orais.

As considerações de Cascudo (1984), elaboradas no âmbito dos estudos do folclore, são bastante esclarecedoras do que poderíamos caracterizar como gênero *lendas*.

> Sente-se um sabor de História fantástica, vinda de geração a geração, como uma herança miraculosa, explicando um princípio. Localiza-se a espécie surgida, a tribo é nomeada, às vezes o próprio nome do protagonista. Há um halo de respeito. Não há ritual mas uma veneração, visível na maneira grave de narrar o sucesso maravilhoso. Não há senso cômico. (...) Se constituiu apenas uma "presença", um gesto de mistério, uma frase, o assunto ficou vivendo, viajando nas conversas, sem que desapareça. Há um ambiente heróico, quase sempre. Quase sempre o sobrenatural é indispensável. É uma lenda. (*Op. cit.*, p. 98.)

O caráter coletivo de circulação do gênero "lendas" parece ser outro aspecto relevante que o aproxima de *contos de fadas*. Como este, o gênero *lendas* tem uma função particular para a *comunidade narrativa* em que foi engendrado. Cascudo (*id.*, p. 99) define essa função nos termos a seguir.

> A "constante" da lenda é o traço religioso. Exige igualmente uma ação, um desenrolar, um plano lógico, no utilitarismo tribal. Não há, quase, lendas inúteis e desinteressadas. Todas doaram alguma cousa, material ou abstrata.

O que particulariza a lenda que foi considerada referência no evento *Recontando histórias* – "A Cobra Grande" – é o fato de ela ter suas origens na cultura indígena[10] da região amazônica. Essa particularidade confirma o que diz Cascudo

---

10. As considerações de Cascudo a que fizemos referência dizem respeito a lendas relativas à cultura indígena brasileira.

ao evidenciar que "a lenda é um elemento de fixação. Determina um valor local" (*id.*, p. 52).

No caso da que está sendo utilizada neste nosso estudo, valeria esclarecer que ela foi tomada na versão em que se configurou em um jornal de ampla circulação da cidade de Belém – *O Liberal*. Como podem ser encontradas variações nessa lenda[11], é útil sintetizar a versão de que nos utilizamos no evento *Recontando histórias*. O texto a seguir deve, portanto, ser considerado síntese da versão utilizada durante o evento, exatamente da que foi publicada no referido jornal.

> Uma índia, chamada Pacoca, desperta, por ser muito bela, a atenção de dois índios da taba. Um deles é filho do Pajé, mas é pelo outro que a índia se enamora. O filho do Pajé pede, então, ao pai que faça um feitiço contra a índia. O Pajé acaba por transformar a bela índia numa horripilante cobra que, algumas vezes, era vista na forma de um imenso navio navegando os rios amazônicos ou na forma de uma ilha que flutuava e que se movimentava para diferentes pontos desses rios (numa das versões, a cobra teria se fixado no subsolo de uma igreja). O encanto só seria desfeito se um bravo guerreiro cortasse, com uma faca virgem, a ponta do rabo da cobra. Ao fazer isso, o guerreiro deveria correr sem olhar para trás. Caso contrário, enlouqueceria. Ninguém nunca conseguiu realizar a façanha. E, se algum dia alguém conseguisse, a cidade mais próxima de onde o feitiço ocorrera submergiria para sempre nas águas dos rios da Amazônia.

Mais duas questões são pertinentes para a caracterização das condições de aparecimento do gênero *lendas*: a primeira diz respeito ao nosso interesse de tratá-lo, neste estudo, como tendo um modo de constituição e de circulação que, guardadas as devidas diferenças, aproxima-se da caracterização que fizemos dos contos de fadas – tanto um quanto o outro gênero poderiam ser agrupados, para os

---

11. Em algumas regiões da Amazônia, por exemplo, essa lenda é designada como "Lenda da Cobra Norato". Designação similar aparece em Bopp (1978).

objetivos deste estudo, na rubrica *conto popular*. A segunda questão acaba afastando as duas tradições narrativas em que se engendram os referidos gêneros: trata-se do processo de escolarização da literatura oral popular. Se, no caso dos contos de fadas, esse processo, conforme vimos, é bastante marcado na história de constituição desse gênero, no que se refere às lendas, isso parece não ter ocorrido, pelo menos no caso da lenda de que nos ocupamos, que tem uma especificação espaço-cultural relevante: a região amazônica e a origem indígena. Assim, podemos supor que o gênero *lendas*, talvez por não ter estado tão fortemente articulado ao projeto de escolarização das massas – e a uma concepção particular do que é a infância –, não integra, até hoje, o currículo do ensino da leitura na escola brasileira, aparecendo tão-somente como apêndice das atividades escolares em momentos extraordinários do período letivo, como nas comemorações relativas à Semana do Folclore ou ao Dia do Índio, por exemplo.

Algumas considerações a mais são necessárias para justificar nossa opção de conceber os dois gêneros nos limites do que pode ser denominado *contos orais populares*. Além do que já mencionamos sobre o caráter oral e coletivo de constituição de ambos, reitere-se que eles se definem como um dos fenômenos de sociabilidade da comunidade, como considerou Lima (*op. cit.*) ao analisar o conto popular da região do Cariri cearense. Segundo o autor, esse gênero – também designado como *"histórias de Trancoso"* – deve ser observado como integrado a

> um fazer e lazer populares, uma vez que o universo em que aquele [o conto popular] é transmitido extrapola o conto em si mesmo e acha-se na vertente maior das manifestações culturais de uma comunidade. Torna-se lícita a hipótese da existência de um saber integrado, em cuja determinação se deverá reconhecer a presença múltipla do contador em outras manifestações da mesma comunidade, junto a um público, que, por sua vez, exerce uma vigilância tácita sobre aquele (contador), o qual "obedece" e por isto é aceito. (*Id.*, p. 28.)

Além do caráter de interlocução necessário para que o conto se constitua em elemento da *sociabilidade rural*, integrando-se ao exercício cotidiano das práticas produtivas da comunidade – ao trabalho –, o autor assinala ainda o papel do conto na economia da diversão. Sua veiculação "é matéria de tempo livre, e é cadência no espaço lúdico da ocupação" (*id.*, p. 55). A prática do conto estabelece ainda um lugar de destaque ao contador que não se dissocia da participação necessária do público. Essa prática, portanto, "se orienta pela escuta de um público diante da figura central do contador, numa concentração participante, em que o ponto básico é o silêncio" (*id.*, p. 65).

A caracterização do conto, feita por Lima, aproxima-se em grande medida da que faz Benjamin (*op. cit.*) em torno da prática de narrar. Para esse último, há uma dimensão utilitária na prática narrativa.

> Essa utilidade pode consistir seja num ensinamento moral, seja numa sugestão prática, seja num provérbio ou numa norma de vida – de qualquer maneira, o narrador é um homem que sabe dar conselhos. (...) Aconselhar é menos responder a uma pergunta que fazer uma sugestão sobre a continuação de uma história que está sendo narrada. (*Id.*, p. 200.)

Também Benjamin observa o caráter coletivo – e oral – da prática narrativa. A distinção que faz entre o romance e "outras formas de prosa – contos de fada, lendas e mesmo novelas" parece autorizar nossa opção de agrupar, nos limites da rubrica *conto popular*, os dois gêneros de que vimos tratando. Segundo o autor,

> O que distingue o romance de todas as outras formas de prosa – contos de fada, lendas e mesmo novelas – é que ele nem procede da tradição oral nem a alimenta. Ele se distingue, especialmente, da narrativa. O narrador retira da experiência o que ele conta: sua própria experiência ou a relatada pelos outros. E incorpora as coisas narradas à experiência dos seus ouvintes. O romancista segrega-se. (*Id.*, p. 201.)

Como Lima (*op. cit.*) – que, aliás, toma Benjamin como referência bibliográfica –, o próprio Benjamin identifica a prática de contar histórias como um ofício artesanal que traz um ritmo próprio, que se retroalimenta no próprio gesto de recontar, uma vez que "contar histórias sempre foi a arte de contá-las de novo" (Benjamin, *op. cit.*, p. 205). A espontaneidade que se verifica nessa prática não se confunde com *espontaneísmo*, no sentido de que ela se constituiria aleatoriamente. Isso nos leva a crer que a tradição narrativa apresenta regularidades relacionadas ao estabelecimento de lugares e de condições definidos – não definitivos – para *quem conta* e para *quem ouve*: trata-se, portanto, do estabelecimento de um princípio *enunciativo* fundador, conforme já assinalamos anteriormente.

Admitir que a tradição narrativa – em que emergem gêneros como *contos de fadas* e *lendas* – traz regularidades relativas às condições de seu aparecimento e de seu retorno leva-nos, por outro lado, a concordar com Chafe (1985), quando postula a idéia de que existiria um *caráter escritural* da oralidade em que se constituem esses gêneros. Ao analisar a linguagem "Seneca", o autor distingue duas modalidades de sua ocorrência: uma *coloquial* e outra *do ritual*. A linguagem do ritual estaria mais próxima do que o autor concebe como escrita, similaridade observada visto que ambas têm uma permanência que a linguagem coloquial não apresenta. Essa permanência parece relacionar-se ao caráter *integrado* da escrita e opor-se ao caráter *fragmentário* da oralidade, segundo a conceituação do autor[12].

A linguagem do ritual seria, portanto, também integrada, uma vez que tende a apresentar marcas que o autor considera mais caracterizadoras da escrita, como o distanciamento (*detachment*) em relação à audiência. Esse dis-

---

12. Assinale-se que essa distinção, proposta por Chafe, entre escrita–integração e oralidade–fragmentação é baseada no próprio material de análise de que dispôs o autor em sua investigação. Trata-se de situações extremas no contínuo oralidade–escrita: no pólo da escrita, estaria a prosa acadêmica; no da oralidade, a conversação à mesa de jantar.

tanciamento, no ritual, do *performer* em relação à audiência, assemelha-se à solitude do escrevente. No caso dos contos populares, esse distanciamento pode ser interpretado não como isolamento do contador – dado o caráter coletivo da produção desse gênero –, mas como constituição de uma aura em torno de sua tarefa de contar. Isso exige do contador uma habilidade particular, já que "os recursos mímicos, as inflexões, o traço de humor, a ênfase normativa, as sugestões de mistério ou a suspensão narrativa são efeitos da técnica e da versatilidade do contador" (Lima, *op. cit.*, p. 55). Por outro lado, o contador está sujeito a "uma vigilância tácita" da comunidade, sendo aceito exatamente porque aceita essa condição (*id.*, p. 28).

Assim, o caráter escritural da oralidade define-se como presença constitutiva do letrado no oral. Supomos que essa "fala escriturizada (aquela que, ritualizada, permanece no tempo)" (Corrêa, *op. cit.*, p. 70) é característica de gêneros que foram plasmados em tradições narrativas de cunho eminentemente oral, como os contos de fadas e as lendas, e pode aparecer no gesto de recontar dos escreventes-alunos quando envolvidos em tarefas de produzir textos na escola.

3.5.2. Os gestos enunciativos do professor e o gênero *instruções para a atividade de produção escrita*

Para compreender de que maneira as instruções se estabelecem como um gênero discursivo particular quando associadas aos gestos enunciativos do professor no evento *Recontando histórias* – um gênero, portanto, *escolarizado* –, uma distinção parece-nos necessário explicitar – a diferença entre a *função* que as instruções têm, de modo geral, nas várias esferas da atividade humana e o *funcionamento* que elas adquirem quando escolarizadas. Pensamos na *função* das instruções como uma forma particular de regrar uma ação, de delimitá-la, de direcioná-la, tal qual ocorre, por exemplo, nos folhetos de como pôr em funcionamento um eletrodoméstico, nos manuais de como dirigir, nos manuais de redação de alguns jornais etc.

A essa *função* mais geral das instruções, acresce-se, no caso das instruções da atividade de recontar histórias, um *funcionamento* que adquire particularidades referentes às próprias condições de produção de textos na escola, como: a função-professor como aquela de que vem a instrução, as expectativas do professor quanto ao que supõe ser o próprio gesto enunciativo de recontar etc. Vejamos que funcionamento é esse pela análise das instruções da atividade de produção de texto que integram o *corpus* deste estudo.

3.5.2.1. "De quando Chapeuzinho tornou-se Amarelo e o lobo virou bolo": recontando as histórias de "Chapeuzinho Vermelho" e de "Chapeuzinho Amarelo"[13]

Recontando a história...

> Você gostou da história da chapeuzinho amarelo?
> É bem divertida, não é mesmo?
> Agora, reconte a história!
> Você é livre até pra mudar aquilo que gostaria que fosse diferente!
> Aproveite o espaço!

---

13. O livro de Chico Buarque, como já mencionamos, pode ser encarado como uma paródia do clássico "Chapeuzinho Vermelho", já que nele há o interesse explícito do autor de produzir deslocamentos em relação àquele, o que já aparece no próprio título da história. O autor traz, inicialmente, o discurso do medo de Chapeuzinho com o objetivo de encenar uma oposição contra ele, de denegá-lo pelo discurso da perda do medo, da não-submissão. A emancipação de Chapeuzinho, no texto, implica a ressignificação do próprio papel do lobo, que de LOBO passa a BOLO, com todas as implicações que daí decorrem, inclusive com a possibilidade de ser comido por Chapeuzinho (e por seus amigos) na festa de seu aniversário, o que significa, em termos intertextuais, a inversão completa do que ocorre no clássico "Chapeuzinho Vermelho".

O modo por que a instrução está materialmente configurada é indiciativo do sentido para o qual a atividade pode estar apontando. Após o uso de reticências em seu título, que traz o efeito de continuidade, de abertura do sentido de que supostamente a atividade estaria investida, temos o uso de duas construções interrogativas. Esse recurso às perguntas parece estar indiciando a tentativa da instrução de interpelar o outro-escrevente como um parceiro da interlocução, até porque essas perguntas "revelam muito do que seria efetivamente perguntado numa situação de comunicação oral" (Corrêa, *op. cit.*, p. 259). Assim, o recurso às perguntas parece estar relacionado com a tentativa de garantir uma reciprocidade de relação entre quem propõe a atividade e quem *deve executá-la*. Com o recurso às perguntas, a instrução não busca obter uma resposta, o que caracterizaria o estabelecimento de um diálogo. As perguntas servem mais de pretexto para o direcionamento que a atividade deve ganhar – *Agora, reconte a história!*

A alternância prosódica (Chacon, 1995) que se verifica na instrução entre enunciados interrogativos e enunciados exclamativos, no primeiro exemplo, dá a medida do sentido que a atividade deve tomar. Essa alternância tem a ver com um certo modo de antecipação das reações – verbais ou não-verbais – que o escrevente projeta no outro que antecipa (Chacon, *op. cit.*, p. 232).

O enunciado interrogativo *É bem divertida, não é mesmo?* parece-nos ser bem representativo da alternância, a que faz referência Chacon, entre unidades rítmicas e antecipação da presença do *outro* – no caso, aqui, do outro-escrevente-aluno.

Quanto ao enunciado exclamativo *Você é livre até pra mudar aquilo que gostaria que fosse diferente!*, podemos supor que, embora expresse, no dito, uma pretensão de garantir a liberdade do escrevente, no funcionamento da instrução, age como uma exigência de dizer de um determinado modo, que pode *até* (no limite, portanto, de uma permissividade que se impõe) ser diferente do dizer do texto-base. Esse uso do *até* é significativo porque indicia o paradoxo que se estabelece na instrução – o escrevente é interpelado como aquele que tem a liberdade para dizer, porém, seu dizer deve estar circunscrito à tarefa de recontar a história.

A exigência de direcionamento da atividade pela instrução pode ser evidenciada no enunciado final, também exclamativo, que, embora apareça como enunciado-motivação, indicia uma orientação de cunho pedagógico – *Aproveite o espaço!* parece apontar para *Não deixe nenhuma linha em branco!* É assim que poderíamos supor que, à exigência de dizer de um certo modo, acresce-se a exigência de *dizer tudo*, o que nos remete a uma concepção que trabalha com a idéia de que o texto deve ser um todo acabado, completo. Além de apontar para a exigência de uma completude formal, esse enunciado estaria produzindo aquilo que de Lemos (1988, pp. 72-3), em um outro contexto de discussão, designou

> operações de preenchimento de um arcabouço ou estrutura vazia que deve corresponder a um modelo. (...) Sendo esse modelo, por definição, dado ou prévio à reflexão sobre o tema proposto parece-me claro que ele atua no sentido de bloquear a reflexão que é, então, substituída por um preenchimento aleatório do modelo, com o que se poderia chamar de estereótipo de conteúdo.

Trata-se, portanto, de um preenchimento que não se circunscreve apenas à exigência de completude formal que a unidade textual deve ter, mas do preenchimento de um espaço institucional desejado pelo professor.

Não estamos supondo, com essa nossa análise, que o modo de funcionamento dessa instrução possa produzir, *per se*, o que supostamente é esperado como *texto adequado* pelo professor. Conforme já mencionamos, o modo de circulação do escrevente pela instrução, bem como aquele pelo qual ele se apropria dela, não sendo automático, é da ordem da relação instável–estável, marca constitutiva de todo gênero. Por outro lado, não consideramos adequado supor que o modo de constituição da instrução seja simplesmente da ordem da individualidade de um sujeito – o professor – que tem o desejo de *regrar a ação*. Esse modo, ao contrário, é marcado por um funcionamento que tem a ver também com os dizeres que circulam no espaço escolar, entre eles o do professor. Há, portanto, diferentes vozes que se confrontam no espaço da instrução: a voz do professor-incentivador, a voz do professor-controlador, a voz do texto-base etc. Embora diferentes, todas essas vozes acabam neutralizando-se em uma só: a da instituição por onde o gênero *instruções da atividade de produção escrita* circula.

3.5.2.2. "De quando a Índia tornou-se Cobra": recontando a lenda "A Cobra Grande"

Produção de texto

> Como você percebeu, na lenda "A Cobra Grande" o encanto só pode ser quebrado se um corajoso guerreiro cortar a ponta do rabo da cobra, fazendo com que ela volte a ser uma índia bela e atraente.
> E você, que outra solução arrumaria para quebrar o encanto da cobra? Conte-nos esta história.

No caso do funcionamento dessa instrução, o que chama inicialmente a atenção é o fato de ela circunscrever explicitamente o texto-base – que estava servindo de referência à atividade – ao gênero *lendas*, o que não ocorreu na instrução anterior. Isso ilustra nossa observação de que um gênero – no caso, as instruções – pode ser suporte para a nomeação de outros gêneros. Restaria pôr em questão se o gesto de designar o gênero *lendas*, na instrução, tem alguma implicação na produção escrita dos alunos: se o texto-base não tivesse sido alçado à condição de lenda pelas instruções, o que teria acontecido?

Outro aspecto relevante nessa instrução é o enunciado-síntese inicial, que parece eleger um fragmento do texto-base

– a quebra do encanto investido contra a índia – como enunciado-motivação da atividade. Podemos supor que o próprio gesto de eleger um fragmento do texto-base para compor a instrução se, de um lado, constitui-se no registro de uma certa leitura do professor, de outro, indicia um determinado direcionamento para a atividade, explicitamente configurado no trecho "Como você percebeu". Anulam-se, dessa maneira, todas as demais leituras possíveis desse fragmento e, ainda, a possibilidade de outros fragmentos – não exatamente esse – terem-se mostrado mais relevantes para os escreventes-alunos durante o gesto do professor de contar a história. Assim, pelo enunciado-resumo, essa instrução produz um efeito de evidência: a interpretação do texto-base configurada nesse enunciado-resumo aparece como a única válida e a que remete *mais adequadamente* à lenda contada. Esse efeito de evidência está indiciado pelo próprio uso de *você*, que pode estar remetendo a um uso genérico, nos limites de uma universalidade que emerge como já-dada, como inquestionável porque verdadeira: *você* funciona, nesse caso, como *todo mundo* ou *qualquer um*.

É interessante perceber que esse uso se diferencia do que é feito logo na seqüência seguinte: "E você, que outra solução arrumaria para quebrar o encanto da cobra?". Nesse caso, *você* parece marcar a tentativa de estabelecimento de interlocução, podendo estar no lugar de *tu*. Não nos parece irrelevante o fato de ele aparecer, nesse caso, em uma pergunta, o que remete, como já mencionamos na análise da instrução anterior, a uma estratégia de interpelação do outro pelo recurso às perguntas. Ainda sobre essa seqüência, é relevante a "estratégia de tematização" (Koch, 1997, pp. 74-86) de que se utiliza a instrução, isto é, opera-se um *deslocamento à esquerda* do sintagma nominal *você*, sem retomada pronominal, ou seja, com elipse (categoria vazia) – "E você, que outra solução Ø arrumaria[...]?". Com essa estratégia de tematização, a instrução pretende aproximar-se do interlocutor (como acontece na conversação oral). Vemos, então, que o modo de organização seqüencial da instrução traz marcas que remetem à narratividade como princípio enunciativo. É exatamente por meio da remissão à narratividade que se estabelece a tentativa de interpelar o outro-escrevente como co-participante do gesto de recontar, o que está materializado, por exemplo, no constante recurso às perguntas de que fazem uso as instruções.

Perpassando essa tentativa mais explícita de estabelecimento da interlocução, surge a pretensão – não tão explícita como na instrução anterior – de garantir a liberdade do escrevente para "mudar aquilo que gostaria que fosse diferente" (para usar um enunciado da instrução anterior). Essa pretensão emerge como possibilidade de o escrevente arrumar uma "outra solução para quebrar o encanto da cobra". Outro indício da tentativa de estabelecer uma espécie de reciprocidade de relações entre professor e alunos é o uso do "Conte-nos", que relativiza o enunciado imperativo da instrução anterior "Agora, reconte a história!". Essa relativização é só aparente, já que na continuidade do enunciado temos "esta história". Ora, trata-se de contar *esta* e não outra história, ou seja, a que o professor elegeu quando optou por um fragmento particular do texto-base. Fica garantida, assim, a vontade de que os alunos recontem a história, mesmo que possam produzir mudanças no enredo do texto-base. É interessante notar que, à pretensão de que os alunos não só recontem o texto-base, ou seja, não apenas o reproduzam tal e qual, acrescenta-se a constrição que tenta circunscrever o próprio gesto de recontar: ele deve ter como referência a mudança do fragmento do texto-base que versa sobre a quebra do encanto da cobra, tendo que incidir sobre esse e não outro fragmento.

* * *

Para concluir essa seção de nosso estudo, cumpre lembrar que nossa pretensão, ao apresentar uma caracterização possível dos gêneros de que estamos tratando neste estudo, não foi a de proceder a uma descrição exaustiva que pudesse levar a uma classificação de tais gêneros. Nosso objetivo foi tão-somente o de destacar aspectos que julgamos relevantes nesses gêneros para a compreensão dos modos de circulação dialógica de escreventes-alunos em sua tarefa de recontar, ocasião em que necessariamente mantêm contato com esses gêneros e relacionam-se com eles de formas diversas. A partir do princípio geral e preliminar que enfatizamos ao conceituarmos gênero discursivo – exatamente o princípio que diz respeito ao papel organizador dos gêneros discursivos –, procuramos enfatizar:

1) no caso dos gêneros *contos de fadas* e *lendas*, seu processo de constituição sócio-histórica, o que nos possibilitará caracterizar e compreender os planos por que os escreventes circulam quando recontam histórias que foram plasmadas em gêneros cuja constituição remete a uma tradição narrativa oral–letrada;

2) no caso do gênero *instruções*, as marcas que indiciam um certo funcionamento que instruções adquirem quando inseridas no evento *Recontando histórias*. Tais marcas, por organizarem, por escrito, os gestos instrucionais do professor, estariam levando à constituição de um gênero discursivo particular, conforme postulamos.

Talvez fosse possível desconfiar do suposto uso de critérios diferentes para a caracterização dos três gêneros: de um lado, a ênfase no processo de constituição sócio-histórica dos gêneros *contos de fadas* e *lendas* e, de outro, a ênfase no funcionamento eminentemente escolarizado das instruções. Pôr em questão essa diversidade de critérios não nos parece adequado, já que ela é apenas aparente: tal qual o gênero *contos de fadas*, o gênero *instruções* também tem um funcionamento sócio-historicamente definido, já que sua inserção (histórica) nas práticas escolares de ensino da leitura–escrita é fator crucial no modo como se constitui. Além disso, como nosso objetivo não foi descrever exaustivamente tais gêneros, mas considerá-los no funcionamento que adquirem quando inseridos no evento *Recontando histórias*, ou seja, naquilo que podem informar acerca da relação escrevente-aluno–linguagem, não se justificaria o estabelecimento de categorizações que pudessem abrigar uma caracterização absoluta desses gêneros. Finalmente, há, a nosso ver, um outro aspecto que liga os três gêneros: trata-se exatamente da narratividade que, tomada como princípio enunciativo, está presente – obviamente não da mesma maneira – em todos eles. Garante-se, por esse aspecto, a manutenção do caráter enunciativo desses gêneros, fundamental para que os localizemos no quadro conceitual que traçamos no capítulo anterior deste estudo.

3.6. Síntese complementar

Retomando a delimitação que nos propusemos fazer, neste capítulo, de nosso objeto de investigação, poderíamos sintetizar as reflexões anteriormente explicitadas nos termos a seguir. Isso nos ajudará a definir um último movimento antes de partirmos para a análise dos textos – a explicitação da concepção de linguagem por que optamos.

a) O evento *Recontando histórias*, concebido como uma atividade que integra as práticas de ensino–aprendizagem da escrita na escola, tem um funcionamento que recobre diversos gestos enunciativos. Esses gestos podem organizar-se em formas relativamente estáveis de enunciados – os gêneros. A tentativa de apreender a relação dialógica de escreventes-alunos com os vários gêneros postos em circulação nesse evento particular, pode levar-nos a compreender a relação sujeito–linguagem escrita. Entre os gestos enunciativos que emergem do evento de recontar, nossa atenção direciona-se para os do professor, organizados no que temos designado como gênero *instruções da atividade de produção escrita*, conforme já expusemos, e para os do aluno, nos quais se imbricam, além do gênero *instruções*, também *contos de fadas* e *lendas*.

b) O conjunto dos textos será utilizado na análise a seguir como inscrito no gesto enunciativo de *narrar*. Isso é possível pela decisão que tomamos, com Corrêa, de considerar a narratividade um princípio enunciativo e não propriedade de um tipo de texto particular. O que buscamos acrescentar à percepção de Corrêa é a particularidade que a narrativa adquire quando imbricada em um evento particular como o *Recontando histórias*. Acreditamos que, nesse caso, a narratividade é marcada pelo efeito de referencialidade que produz. Esse efeito de referencialidade pode ser concebido como propriedade dos textos de produzir um reenvio efetivo à realidade – concepção que recusamos – ou como constituindo-se por meio da circulação imaginária dos escreventes-alunos que, inscrevendo-se em posições enunciativas que lhes são prévias, representam de um modo particular seu gesto de recontar.

c) A apreensão dos modos de dialogia a que fizemos referência será feita a partir do conceito de circulação imaginária e pelo recurso ao chamado paradigma indiciário de investigação, bases teórico-metodológicas em que nos apoiaremos para interpretar os indícios que, discretamente linearizados nos textos dos alunos, podem apontar para a relação dialógica mais ampla entre escreventes–gêneros discursivos.

d) Os textos serão considerados, ainda, em sua natureza de *réplica* aos gêneros postos em circulação durante o evento *Recontando histórias*, conforme já mencionamos: 1) o gênero *instruções para a atividade de produção escrita*; 2) o gênero *contos de fadas* e 3) o gênero *lendas*. Como o que nos interessa é detectar os indícios da circulação dialógica dos escreventes por esses gêneros, importa-nos tomá-los como *gêneros escolarizados*, isto é, segundo seu funcionamento particular no evento de que tratamos. Nossa pretensão não foi proceder, portanto, a uma descrição dos gêneros mencionados, mas propor elementos para a compreensão de seu funcionamento no evento *Recontando histórias*. A principal questão que se coloca, então, para a análise a seguir é: como os textos produzidos pelos alunos, emergindo das condições de enunciação engendradas por um determinado gênero e constituindo-se por meio de mudanças possíveis dos próprios gêneros, revelam modos de circulação dialógica de quem "reconta":

1. pelas *instruções para a atividade de produção escrita*, gênero que, escolarizado, assume um papel central na forma como funciona o evento *Recontando histórias*;

2. pela tradição oral constitutiva dos modos de produção histórica dos gêneros *contos de fadas* e *lendas*. Nesse caso, organizaremos as marcas que indiciam a circulação dialógica do escrevente pelo que denominamos *caráter escritural da oralidade*;

3. pela institucionalização dessa tradição por meio da escrita (e da escola). Organizaremos, no caso, as marcas que indiciam a circulação dialógica do escrevente pelo que supõe ser a tarefa de recontar por escrito, o que parece pôr em jogo um certo modo de conceber a escrita em sua "suposta gênese" ou como "código institucionalizado" (Corrêa, *op. cit.*).

3.7. Uma última parada

A partir de tudo o que enunciamos até agora neste estudo, fica explicitada a concepção de linguagem por que optamos. A tentativa de estabelecimento de uma concepção de linguagem implica necessariamente concordâncias e recusas. A principal concordância, na concepção de linguagem que assumimos, diz respeito a tomar essa última como atividade constitutiva do sujeito. Uma tal afirmação já pressupõe uma primeira recusa, qual seja a da concepção instrumental da linguagem. Essa recusa aparece nas considerações que faz Possenti (1993) quando trata da atividade do falante constituída na língua. Segundo o autor:

> Não parece o mais adequado considerar a atividade do falante como aquela que se utilize de uma língua como instru-

mento a sua disposição, pois esse instrumento, como concebido por Benveniste, não existe (isto é, não existe uma língua estruturada, nem o sentido fixo dos elementos não dêiticos). Na verdade, o locutor constrói seus instrumentos lingüísticos como únicos adequados para seus interesses a cada discurso. Essa atividade de constituição transforma o locutor em sujeito. (*Op. cit.*, p. 55.)

Essa concepção de linguagem como atividade constitutiva já aparece em Franchi (1992) – aliás, as considerações de Possenti em muito retomam as desse autor –, que, a partir de uma recusa à concepção de língua como código, trabalha com a noção de indeterminação como constitutiva da sintaxe e da semântica de uma língua, na medida em que não há uma imanência de sentido que estaria suficientemente posta na materialidade lingüística dos enunciados.

Assim, essa concepção de linguagem pode levar-nos a tomá-la como trabalho, visto que o funcionamento da linguagem convoca um sujeito que nela se inscreve, produzindo sentido a partir do lugar que ocupa nessa relação constitutiva e constituidora: sujeito–linguagem. Não haveria, portanto, um instrumento (que o sujeito utiliza) nem se justificaria a perspectiva que dicotomiza sujeito e linguagem – esta considerada objeto exterior àquele.

Tendo definido a concepção de linguagem por que optamos, passaremos à análise dos textos que constituem nosso *corpus*.

Capítulo 4 **Os gestos enunciativos indiciados nos produtos: os textos produzidos**

4.1. Modos de circulação dialógica pelo gênero *instruções*

Antes de proceder à análise dos textos, consideramos relevante trazer para nossa discussão as percepções de Oliveira (1998) sobre "O papel da instrução na elaboração de textos narrativos por crianças de séries iniciais". Nesse estudo, a autora retoma a noção de *deriva* e *restrição* desenvolvida por de Lemos (1992), para propor, com base em Pereira (1994), a hipótese de que, na interpretação de instruções, as crianças fixam-se em apenas uma palavra ou em parte(s) de enunciado(s) e não na instrução como um todo. Segundo Oliveira, os fragmentos da instrução produzem efeitos diversos no processo de escrita da criança.

> Compreende-se que a interpretação da instrução se dá como efeito de processos discursivos, isto é, a instrução, que é um texto muito específico, é interpretada, parece, no quadro das tarefas escolares, ou seja, na rede de relações que o discurso pedagógico instaura. (Oliveira, *op. cit.*, p. 764.)

Embora Oliveira não trabalhe com o conceito de *gênero discursivo* na abordagem do papel da instrução na produção escrita escolar, consideramos que sua percepção sobre a relação instrução–texto produzido é bastante sugestiva para a análise que proporemos. Acreditamos que a fixação em uma palavra ou em parte(s) de enunciado(s), a que faz referência a autora, reforça o caráter de *réplica* dos textos, ou seja, a relação entre textos e instruções estabelece-se na dinâmica entre *injunção a dizer* (própria das instruções) e escolha de/fixação em um fragmento das instruções – o que indicia um gesto de interpretação do escrevente: a *réplica*. No caso de nossa análise, o conceito de *gênero discursivo* poderá levar-nos a evitar dois procedimentos:

a) tentar estabelecer uma relação mecanicista entre instrução–texto produzido, como se a instrução, por si só, pudesse produzir efeitos no processo de escrita do escrevente. Ao tratar a instrução como gênero discursivo, inevitavelmente estaremos tentando mostrar que ela própria mantém relações dialógicas com os gestos enunciativos que emergem do evento *Recontando histórias* e, mais precisamente, com o gesto enunciativo do professor. Dessa forma, analisar os textos em sua relação com as instruções exige necessariamente a consideração dos textos-base que já são, de certo modo, recontados no próprio gesto de instruir. Assim, assinalamos o papel central das instruções exatamente porque, por meio delas, é possível apreender o evento *Recontando histórias* em sua globalidade;

b) tentar fazer corresponder os modos particulares de constituição e de funcionamento da instrução com a expectativa do pesquisador do que seria uma interpretação *correta* da instrução pelo escrevente. Evitando esse procedimento, recusamos a tentativa de tentar linearizar uma relação que é constitutivamente não-linear – a relação sujeito–linguagem.

4.1.1. Recontando os contos "Chapeuzinho Vermelho" e "Chapeuzinho Amarelo": o gênero *instruções* e os textos produzidos

Passando à análise, parece-nos relevante assinalar, inicialmente, que nenhum dos textos que constituem essa parte de nosso *corpus* de análise configurou-se como uma resposta *stricto sensu* aos enunciados interrogativos da instrução, nenhum deles respondeu diretamente a esses enunciados. Isso, a nosso ver, é significativo porque pode revelar particularidades das histórias de leituras de instruções desses alunos, ou seja, mostrar que os alunos já têm uma história de circulação por esse gênero. Disso decorre sua percepção de que nem tudo em uma instrução de produção escrita na escola tem o caráter de comando. Assim, o silenciamento quanto aos enunciados interrogativos da instrução pelos alunos, longe de revelar uma suposta falta de atenção deles, indicia já um certo modo de dialogia com a instrução, atravessado pelo efeito de pressuposição da função que os enunciados interrogativos têm nas instruções – os alunos parecem representar os enunciados interrogativos como meramente retóricos, não estando ali para serem respondidos.

O silenciamento quanto aos enunciados interrogativos das instruções relativas a essa atividade particular – "Você gostou da história da Chapeuzinho Amarelo? É bem divertida, não é mesmo?" – indicia ainda o alçamento de um outro enunciado – Agora, reconte a história! – como o mais proeminente na instrução.

A proeminência desse enunciado no todo da instrução confirma-se pela própria maneira pela qual os alunos iniciam seus textos, que trazem marcas de circunstancialização temporal, o que revela que os alunos representam a orientação da instrução como circunscrevendo-se à tarefa de recontar e não à de dissertar – que poderia ser uma alternativa, levando-se em conta os enunciados interrogativos no início da instrução. Vejamos que marcas são essas de circunstancialização temporal.

Textos	Marcas lingüísticas
1. O mistério da planta	*Um certo dia*, o Paulo estava brincando no pátio (...)
2. Missão em noite de lua cheia	*Uma noite, quando* eu estava indo para casa (...)
3. Os fantasmas	*Uma vez*, um menino chamado Gustavo (...)
4. Chapeuzinho azul	*Um dia* Chapeuzinho azul, foi a casa de sua prima (...)
5. Chapeuzinho corajosa	*Certa vez* uma menina chamada Chapeuzinho vermelho (...)
6. Chapeuzinho Verde	*Era uma vez* uma menina chamada Bianca (...)
7. Chapeuzinho Amarelo	*Era uma vez* uma garotinha que fazia aniversário (...)
8. Chapelzinho e o lobo	Chapeuzinho *andava* pela a floresta (...)
9. Chapeuzinho Amarelo e suas aventuras	*Certa vez,* Chapeuzinho Amarelo estava passeando (...)
10. O lobezomem	*Numa noite de lua cheia* apareceu um lobesomem (...)

Embora as marcas de circunstancialização temporal constituam-se regularidade nos textos – o que indica, conforme dissemos, que os alunos representaram o "reconte a história" como principal enunciado da instrução –, é possível perceber que os textos atendem, de diferentes modos, à proposta de recontar. Ao *mudarem aquilo que gostariam que fosse diferente*, os escreventes organizam de diferentes formas a dialogia com os textos-base.

- A dialogia com os textos-base pode constituir-se em apagamento de elementos que caracterizam esses textos, como a personagem feminina (Chapeuzinho Vermelho ou Chapeuzinho Amarelo), a personagem lobo etc. A esse efeito de apagamento corresponde, entretanto, a fixação dos textos nos temas *medo*, *suspense*, *mistério*, todos pertencentes ao mesmo horizonte enunciativo em que se localizam os textos-base.

(1) Um certo dia, o Paulo estava brincando no pátio, ele viu alguma coisa se mexendo atráz da planta, e essa coisa pulou rapidamente para a planta e ela desseu para a terra, o Paulo chamou seu pai:
– Paiê, vem cá ver uma coisa.
O pai correu para apanhá-lo e perguntou:
– O que é meu filho?
– Veja pai!
– Nossa!
O pai disse denovo.
– Vamos sair daqui, filho.
– Está bem pai.
E eles foram para a fazenda de seu tio:
– AH! Filho, não é o mesmo que vimos em casa?
Paulo responde:
– É mesmo.
E o tio falou.
– Calma, é só um bicho da mata."
FIM
(Texto: "O mistério da planta".)

(2) Uma noite, quando eu estava indo para casa, ouvi uma coisa estranha e fui investigar.
Eu vi um anão com um grandalhão, disendo:
– Conseguimos roubar o diamante, hehehe.
– A polícia veio, o anão entrou num túmulo e o grandalhão tentou fugir, mas a polícia o prendeu.
(...)
Quando amanheceu eu fui para o trabalho e vi o anão, fui avisar a polícia.
Tiooooooooooooooooomm... a polícia voltou com o anão.
(...)
FIM
(Texto: "Missão em noite de lua cheia".)

(3) Uma vez, um menino chamado Gustavo estava passeando no cimiterio, e depois que visitou uns tumulos viu um fantasma, e o fantasma correu muito atrás dele e se cansou Gustavo viu uma casa e entrou para se esconder do fantasma e lá encontrou mais fantasmas ainda do que tinha no cimiterio, e correu pela casa toda mais não conseguio sair cada porta que ele encontrava não era a da saida, ficou disisperado abril uma das portas que tinha, e caiu pra fora da casa. E resolveu se vistir de fantasma para ver se eles eram pessoas fantasiadas ou se era fantasmas mesmo.
Mais não era, era um monte de ladrões, é que a casa possuia um monte de dinheiro e esses ladrões queriam pegar toda a riquesa da casa, e o menino telefonou para a policia e a policia prendeu todos os ladrões e a casa ficou salva.
Depois Gustavo foi pra casa feliz da vida porque tinha sauvo a casa.
FIM
(Texto: "Os fantasmas".)

Nos textos (1), (2) e (3), os elementos *medo*, *mistério*, *suspense*, constantes nos textos-base[1], são recontextualizados em outros enredos, os quais apontam para a tentativa de apagamento do componente *fantástico* presente nos contos de fadas: em (1), o mistério é reduzido a uma constatação empírica no enunciado final do texto "– Calma, *é só* um bicho da mata.". Em (2), a "coisa estranha" a ser investigada é resolvida quando os policiais chegam e prendem os ladrões. Já em (3), o medo, o suspense que, em geral, envolvem as histórias de fantasmas esvaem-se quando se descobre que os fantasmas "era um monte de ladrões", restando à polícia prendê-los.

Os escreventes, nesses casos, parecem privilegiar o que supõem recomendação mais relevante da instrução – "Você

---

1. Embora reconheçamos a existência de outras leituras do clássico "Chapeuzinho Vermelho" (ver, por exemplo, a leitura psicanalítica que faz Bettelheim, 1995), estamos privilegiando a que considera Chapeuzinho Vermelho uma personagem inscrita no limite do medo, da submissão, do que é indefeso. Essa é, com efeito, a leitura que historicamente se tem estabelecido entre alunos-leitores.

é livre até pra mudar aquilo que gostaria que fosse diferente!" –, chegando quase ao limite do não-reconhecimento dos textos-base. Seu gesto de recontar, portanto, parece estar inscrito naquilo que Jurado Filho (1993, p. 51) interpreta como "relação intrínseca que se dá entre a prática da narrativa e um outro tipo de prática, a que genericamente poderíamos designar como a da ação cotidiana".

Caberia pôr em questão a pertinência de considerar esses textos no domínio do recontar, já que o *efeito de referencialidade* constitutivo do gesto de recontar, como vimos, não estaria suficientemente posto em sua materialidade lingüística. Esse problema leva-nos a discutir a necessidade (ou não) de um número mínimo de marcas lingüísticas para que um texto seja circunscrito nos limites do recontar. Esse enfoque, por sua vez, pode levar-nos ao procedimento, de certo modo já recusado, de classificar os textos pelo recurso a marcas lingüísticas definidas *a priori*. Como nosso interesse, nesta análise, é compreender os modos de relação imaginária dos escreventes com os gêneros que circulam no evento de recontar e não proceder à classificação dos textos segundo graus de referência a um modelo, fica justificada nossa opção de tomar também esses textos como do domínio do recontar, uma vez que consideramos o apagamento aparente da referencialidade um dos efeitos possíveis do gesto de recontar. O que estaria indiciando esse efeito de apagamento?

Por um lado, consideramos que ele pode estar indiciando a primazia do enunciado da instrução que recomenda que os escreventes deveriam "mudar aquilo que gostaria[m] que fosse diferente". Esse enunciado, alçado à condição de enunciado-chave da instrução, parece autorizar um modo de circulação do escrevente em que *diferente* supõe *absolutamente diferente*. Por essa maneira de circulação, o escrevente parece acreditar que, mesmo estando na tarefa de recontar, pode constituir-se como dono de um dizer novo, livre das constrições referenciais que os textos-base mais ou menos impõem. Por outro lado, essa ausência aparente de refencialidade pode estar indiciando um apagamento das instruções em favor de uma leitura particular do – uma *réplica* ao – texto-base, marcada pela relação do gesto de recontar com a representação, por quem reconta, de elementos da prática cotidiana.

- A dialogia com os textos-base pode também constituir-se por meio de *colagem* de alguns elementos desses textos-base e/ou de *combinação* de tais elementos com outros textos. Vemos que o modo de constituição dos textos produzidos mantém, no caso, uma relação dialógica mais explícita com os textos-base, já que, nesse caso, as referências intertextuais estão suficientemente mostradas na materialidade lingüística dos textos produzidos.

Em (4), (5) e (6), dá-se a renomeação da personagem feminina, que passa a ser chamada, respectivamente, de "Chapeuzinho azul", "Chapeuzinho corajosa" e "Chapeuzinho Verde".

> (4) Um dia *Chapeuzinho azul*[2], foi a casa de sua prima.
> Porque sua prima tinha feito 15 anos.
> E la tinha sua mãe e seu pai.
> Chapeuzinho ficou muito contente com o comvite da prima.
> E depois disso sua prima convidou Chapeuzinho azul para dançar.
> E depois delas duas dançarem a mãe de sua prima, ofereceu para Chapeuzinho azul um bolo e um pastel e um pouco de refrigerante.
> E depois a festa terminou.
> Chapeuzinho foi muito feliz para sua casa.
> TEENDE
> (Texto: "Chapeuzinho azul".)

---

2. O itálico nesse e nos demais fragmentos dos textos citados neste capítulo visa assinalar o ponto que, segundo o que pensamos, emerge mais explicitamente como indício da caracterização dos textos que nossa análise propõe. Não é necessário dizer que outros indícios poderiam obviamente ser destacados para essa caracterização ou, ainda, para outros modos de caracterização.

(5) Certa vez uma menina chamada Chapeuzinho vermelho.
Ela era corajosa e não tinha medo do lobo mal.
Ela tinha medo de ratos é cobras venenosas, mais não vivia com sua mãe nem pai.
Morava sozinha na mata.
Um dia chapeuzinho vermelho encontrou sua casa e ficou feliz.
Quando chegou na sua casa viu sua familia e o nome da Chapeuzinho era vermelho e virou para Chapeuzinho amarelo.
FIM
(Texto: "*Chapeuzinho corajosa*".)

(6) Era uma vez uma menina chamada Bianca que foi pela primeira vez a casa de sua avó que estava sozinha mas sua mãe lhe pedio para ir no caminho da estrada porque no caminho da floresta tinha um bolo mal que comia animais e crianças.
Mas Bianca tomou e pensou que o lobo era bonzinho.
Então Bianca foi pelo caminho da floresta, então deu de cara com o lobo mau então o lobo mau disse:
– Menina vá pelo caminho da floresta porque você chega mas rápido.
Enquanto Bianca ia pelo caminho da floresta o lobo mau ia pelo caminho da estrada enquanto isso Bianca pensava em ir para casa, quando Bianca chegou em casa percebeu que sua casa estava toda enfeitada e por dentro da casa estava uma enorme escuridão, em canto um monte de pessoas gritavam.
– Feliz aniversário *Chapeuzinho Verde*!!!
Chapeuzinho Verde era seu apelido porque ela gostava muito de verde.
E o lobo mau?
Os caçadores o pegaram.
FIM
(Texto: "Chapeuzinho Verde".)

Em (4), particularmente, nota-se que a relação dialógica dá-se pelo recurso ao texto de Chico Buarque, já que o enredo retoma a circunstância "festa de aniversário". É interessante notar o efeito de fragmentação que esse texto produz, o que pode estar indicando sua remissão ao modo por que se configura a paródia do clássico, feita por Chico Buarque, marcada por uma linguagem muito próxima à das histórias em quadrinhos, isto é, por um planejamento gráfico em que desenhos ocupam páginas inteiras, enunciados longos alternam-se com enunciados curtos etc.

Em (5), a ênfase à perda do medo por Chapeuzinho pode estar relacionada à mesma ênfase que aparece em Chapeuzinho Amarelo. Há uma tentativa de deslocamento do objeto de medo da personagem: ela "não tinha medo do lobo mal" – como ocorre no texto-base clássico –, mas de "ratos e cobras venenosas". A personagem é caracterizada como "corajosa", tanto que "morava sozinha na mata". Além disso, há um enunciado que pode estar indicando uma outra referência intertextual: "Um dia chapeuzinho vermelho encontrou sua casa e ficou feliz" lembra bastante a história de "João e Maria".

Já em (6), reitera-se a remissão à paródia de Chico Buarque pela remissão ao elemento "aniversário" – "Feliz aniversário Chapeuzinho Verde!!!" –, embora a retomada do texto-base clássico seja mais evidente. O escrevente parece ter representado o recontar como retomada necessária dos dois textos-base: após retomar a seqüência de circunstâncias que aparece no clássico, o escrevente introduz o elemento *aniversário* para, em seguida, retornar ao clássico por meio de uma interrogação que pode estar indicando a antecipação de uma suposta reação do interlocutor – "E o lobo mau? Os caçadores o pegaram."

O texto (7) é uma ocorrência que também pode estar inscrita mais explicitamente na paródia de Chico Buarque, embora essa inscrição não se constitua em mera colagem, já que há o acréscimo de outros componentes no rol de medos da personagem, como os citados no enunciado a seguir: "No pesadelo ela encontrou *a mula cem cabeça a deusa da meleca e um lobo muito mau ...*"

(7) Era uma vez uma garotinha que fazia aniversário neste mesmo dia, então estavam preparando sua festa de aniversário mais chegou sua boneca e falou:
– Chapeuzinho não vem para essa festa porque ela está muito assustada.
– Ela estava brincando com os amigos e começou a tossir, falou a Boneca!
– Mas Chapeuzinho não vem para a sua próprio aniversário só por causa da tosse não depois da tossi ela ficou com medo de tudo até de andar para não cair e para não pegá-la.
Então ela foi para cama dormir e teve um pesadelo.
No pesadelo ela encontrou a mula cem cabeça a deusa da meleca e um lobo muito mau e todos queriam assustá-la mais ela estava perdendo o medo.
Então ela fez a festa dela.
THE END
(Texto: "Chapeuzinho Amarelo".)

O texto (8), ao contrário do (7), está mais explicitamente intrincado no conto clássico. Vejamos:

(8) Chapeuzinho andava pela a floresta com uma cestinha de maçã para leva pra sua avô derrepente iscutou um barulho escesito atras de um monte de folha espalha e foi ver o que era vi um lobo munto malvaldo o lobo olhou para Chapelzinho e Chapelzinho correu vuado para cada da vô o lobo foi pelo o mato e chegou na casa vô primeiro de que a chapelzinho Entam o lobo bateu na porta fingindo que era chapeusinho entam a vó foi atende ao lobo quando a vó abriu a porta o lobo engoliu a vó com tudo entrou na casa e se disfarçou co a ropa da vovó. La vem chapeusinho so com uma carreira com medo do lobo chegou na casa bateu na porta o lobo disse entre minha filinha! chapelzinho entrou e se espantou vovó que grande boca voce tem o lobo disse: – para eu poder comer voçe! ingunliu chapezinho vem um cassado amigo da vovó oviu um barulho o cassado peu sua espigarda foi ver o que era um lobo com barrigão o lobo caio no

chão abriu a barroga e tirou a vóvo e chapeusinho da barriga do lobo.

FIM

(Texto: "Chapelzinho e o lobo".)

Parece-nos mais relevante assinalar que o modo de circulação dialógica do escrevente, nesse caso, retoma a seqüenciação que aparece no texto-base clássico, o que, por sua vez, é indício da remissão do texto produzido pelo aluno ao que designamos *caráter escritural da oralidade*, presente no gênero *contos de fadas*. Temos, então, a tentativa mais referencializadora desse caráter escritural, configurada no modo de organização narrativa do texto. Por outro lado, se considerarmos que as instruções da atividade previam mudanças possíveis que os escreventes poderiam operar nos textos-base quando recontassem as histórias, podemos acreditar que esse é o texto em que se apaga de modo mais explícito o enunciado das instruções que orientava para a possibilidade de "mudar aquilo que gostaria que fosse diferente". Desse ponto de vista, esse texto pode ser concebido como o que mais se singulariza nas condições de enunciação narrativa apresentadas pelas instruções: apesar de as instruções orientarem – pelo menos aparentemente – para deslocamentos em relação aos textos-base, o texto em questão fixa-se de modo bastante radical no conto clássico.

No texto (9), a dialogia com os textos-base se estabelece por meio da constituição de um efeito de paródia em relação ao clássico, já que o lobo é apresentado como *vegetariano*: "Certa vez, Chapeuzinho Amarelo estava passeando com sua boneca Flora e encontrou um lobo, o lobo disse: – Não tenha medo menina, sou vegetariano." Além disso, há o acréscimo de referências intertextuais que inscrevem o texto em outros contos de fadas que não os apresentados no evento, como a referência à madrasta da Branca de Neve, "uma velhinha [que] estava passando com cintas e deu uma cintada no lobo", e a referência à própria Branca de Neve, que "pegou Chapeuzinho e ficou sendo sua mãe adotiva". Vejamos:

(9) "Certa vez, Chapeuzinho Amarelo estava passeando com sua boneca Flora e encontrou um lobo, o lobo disse:
– Não tenha medo menina, sou vegetariano.
E chapeuzinho amarelo começou a bater papo com o lobo e derrepente o lobo disse:
– Para onde você vai? Perguntou o lobo. Ela respondeu.
– Para lugar nem um. respondeu Chapeuzinho. A gente podia colher uns legumes e frutas – disse o lobo.
Chapeuzinho foi com um lobo mas teve a maior surpresa quando sobe que o lobo era carnívoro. Chapeuzinho ficou amarelada de medo quando soube que a comida era ela. A sorte de Chapeuzinho foi que uma velhimha estava passando com cintas e deu uma cintada no lobo e levou a Chapeuzinho com sigo mal disconfiava Chapeuzinho que a velhinha era a madrasta de uma princesa chamada Branca de Neve e a velhinha levou a Chapeuzinho para um castelo sombriu a velhinha queria Chapeuzinho para ser sua aprendiz.
A madrasta de Branca de Neve explicou que ela queria vingança contra Branca de Neve por isso que ela te raptou. – Você aceita? Perguntou a madrasta Chapeuzinho respondeu:
– Claro que não! Respondeu Chapeuzinho.
Pois você vai participar! Disse a madrasta.
Derrepente abriram a porta, era Branca de Neve.
Branca de Neve pegou Chapeuzinho e ficou sendo sua mãe adotiva.
FIM
(Texto: "Chapeuzinho Amarelo e suas aventuras".)

O texto (10), último da série, também merece atenção. Nele dá-se um apagamento parcial dos elementos do texto-base clássico, razão por que não incluímos esse texto no primeiro grupo desta análise, antes caracterizado. Vejamos:

(10) Numa noite de lua cheia apareceu um lobesomem muito assustador. Ele foi para uma casa assustar os moradores. O primeiro morador foi a filha mais nova, ela mão ficou com medo e sim amiga dele, mas ele não queria saber de amigo, ele só queria saber de assustar, ele falou para a menina: – Eu quero saber de assustar pessoas.

A menina falou assim: – Olha, tem muitas outras pessoas na cidade e no mundo, porque você não vai assustá-las?
– Sabe por que? Porque não e todo dia que tem lua cheia. E a menina falou assim: – Ah então os lobisomes só vão assustar as pessoas em dia de lua cheia? É sim você não sabia? – Claro que não nunca sei de nada por que ninguem me ensina eu pesso pesso mais é tudo a mesma coisa eles sempre inventam alguma.
FIM
(Texto: "O lobezomem".)

O que parece ocorrer, nesse caso, é a renomeação da personagem lobo, que passa a ser um "lobesomem". Já a personagem Chapeuzinho Vermelho parece ser retomada como "a filha mais nova" de um dos moradores da casa que o lobo intentava assustar. A menina, como aparece em uma das leituras possíveis do clássico, "não ficou com medo e sim amiga dele", desconhecendo o perigo que ele poderia representar: "– Claro que não *nunca sei de nada* por que ninguem me ensina eu pesso pesso mais é tudo a mesma coisa eles sempre inventam alguma."

* * *

Para concluir essa abordagem global dos textos relativos ao gênero *contos de fadas*, não podemos deixar de fazer referência a um elemento que tem recorrência em todos eles – a demarcação explícita do final do texto. Essa demarcação é feita por meio da palavra "FIM" ou de sua correspondente em inglês, "THE END". Qual o sentido dessa demarcação, principalmente se considerarmos que, em alguns textos, o termo *fim* ocupa várias linhas que deveriam supostamente ser preenchidas pela narrativa?

A análise dos textos nos leva a duas percepções complementares a respeito do funcionamento do termo *fim*. Por um lado, ele marca a finalização da seqüenciação temporal que se vinha constituindo na narrativa, mantendo uma relação muito estreita com o último enunciado da narrativa e funcionando como uma espécie de reforço desse enunciado. Por outro, *fim* pode estar constituindo uma *réplica* em relação ao enunciado da instrução que orienta "Aproveite o espaço!", enunciado esse que, conforme já nos referimos, pode estar funcionando como "Não deixe nenhuma linha em branco!". Assim, o termo *fim*, ao configurar-se como uma resposta à exigência de completude como aspecto imprescindível para que o texto se constitua como tal, produz um efeito de *monofonia* no processo de enunciação pela escrita: a voz do professor, da instituição é a que se estabelece; isto é, o aluno responde aquilo que é esperado que ele responda. Trata-se, nos termos de de Lemos (*op. cit.*), de uma *estratégia reparatória* utilizada pelo aluno. Segundo a autora: "Tal estratégia, porém, não resulta senão na anulação da estrutura dialógica e na instanciação de um bizarro monólogo em que a voz que fala é *apenas a do Outro*" (*op. cit.*, p. 75).

Calil (1995) e Oliveira (*op. cit.*) parecem ter uma percepção similar a que expusemos sobre o termo *fim*. Ao analisar o processo de constituição da escrita por duas crianças, Calil observa que esse termo, que aparece em muitas das narrativas, emerge como uma exigência "ligada a um universo discursivo em que determinados enunciados se fazem necessários" (*op. cit.*, p. 156). É nesse sentido que os autores concebem estruturas como *fim, era uma vez* etc. como da ordem dos elementos relativamente estáveis, constitutivos do que Pêcheux (1975, p. 68) chamou de *discursos estabilizados*, referindo-se àqueles discursos "em que existe (...) uma instituição (científica, jurídica etc.) à qual podem-se referir os textos".

Quando o termo *fim* é grafado em inglês, supomos que, além da dialogia com a instrução, os textos acabam estabelecendo dialogia com *uma outra língua*. Essa dialogia estaria, por sua vez, indiciando elementos da história de letramento dos escreventes, marcada pela linguagem dos desenhos animados da televisão e pelo contato com uma série de materiais que circulam tendo a língua inglesa como referência –

jogos, revistas, peças de vestuário etc. Além disso, o *the end* pode estar revelando também a tentativa do escrevente de demarcar com maior ênfase – provavelmente a seu interlocutor – o final da história por meio do uso de uma expressão que causa, a princípio, estranheza, por se diferenciar da língua posta em funcionamento quando da narração da história[3].

Passemos à abordagem dos textos relativos à lenda "A Cobra Grande", procurando, como fizemos anteriormente, caracterizar as relações dialógicas que eles mantêm com o gênero *instruções* e, como não devia deixar de ser, com os textos-base postos em cena por meio desse gênero.

4.1.2. Recontando a lenda "A Cobra Grande": o gênero *instruções* e os textos produzidos

Entre todos os textos produzidos em referência à lenda "A Cobra Grande", um merece destaque, no início desta nossa análise, exatamente por ser o texto em que de modo mais explícito o escrevente representa o enunciado interrogativo da instrução – "E você, que outra solução arrumaria para quebrar o encanto da cobra?" – como uma *pergunta a ser respondida* de maneira direta.

> (1) Para Quebrar o fentiço que o caçador colocou na india precisa, pegar um facão e cortar o rabo da cobra grande, e depois liberta a indio do fentiço que o cassado colocou, eu mesmo Fábio vol cortar o rabo da cobra grande.
> (Texto: "Quebra o encanto da cobra grande".)

A fixação do escrevente no enunciado interrogativo da instrução configura-se por uma retomada de parte da estru-

---

3. Essa hipótese parece se confirmar quando levamos em conta a anotação no verso da folha em que um dos alunos escreveu o texto: "THE ENE quer dizer fim". Acreditamos, assim, que *the end* traz um efeito de reforço da demarcação do final da narrativa, já que não somente estaria caracterizando uma *réplica* à recomendação de *aproveitar todo o espaço*, conforme já nos referimos, mas também estaria informando ao interlocutor que a recomendação foi efetivamente atendida.

tura desse enunciado: após retomar a seqüência "Para Quebrar", o escrevente renomeia a ação e o próprio agente que desencadeiam a transformação da índia em cobra. É assim que o *encanto* se torna "fentiço" e o *pajé* torna-se "caçador". Outro aspecto que individua essa ocorrência é o modo por que se configura a *réplica* do escrevente à exigência da instrução de que "outra solução" deveria ser encontrada para quebrar o encanto da cobra. O escrevente, no caso, retoma a solução que aparece no texto-base – "pegar um facão e cortar o rabo da cobra grande" –, mas insere um outro elemento: em sua divisão enunciativa, representa-se, de um lado, como figura textual, agente da quebra do encanto – "eu mesmo Fábio" – e, de outro, como sujeito-aluno que busca satisfazer à injunção da instrução que exige uma resposta do escrevente à questão apresentada. Nesse caso, a resposta do aluno ao enunciar "eu mesmo" pode remeter à seqüência interrogativa da instrução iniciada por "E você".

Esse exemplo é suficiente para se caracterizar como enunciado mais proeminente da instrução o enunciado interrogativo. É verdade, entretanto, que esse enunciado só funciona no conjunto da instrução por estar associado ao enunciado-síntese, que elege a quebra do encanto da índia como fragmento mais relevante do texto-base.

Já quanto ao enunciado apelativo da instrução – "Conte-nos esta história" –, parece que os escreventes o representam como inserido na tarefa de recontar. Isso nos leva a supor que, apesar de não se configurar explicitamente na instrução como tarefa de recontar, a atividade em questão visou funcionar como um *recontar*, já que, por intermédio da instrução, elegeu um fragmento particular do texto-base sobre o qual *deveriam* fixar-se os textos dos alunos.

À exigência de atender ao fragmento do texto-base posto em evidência pela instrução, a grande maioria dos escreventes – dezesseis do total de vinte textos – iniciou seus textos com marcas explícitas de circunstancialização temporal, buscando contextualizar a circunstância da quebra do encanto da cobra. Isso, a nosso ver, indicia também um modo de circulação dialógica do escrevente pela instrução: embora pudesse, por meio de uma determinada leitura da instrução, iniciar seus textos pela circunstância da quebra do encanto – e fixar-se apenas nisso –, o escrevente supõe ser necessário retomar outros elementos do texto-base, como o conflito entre os dois índios, a não-preferência da índia pelo filho do pajé e a intervenção deste último. Entre os vinte textos que constituem esta parte de nosso *corpus*, quatorze deles trazem como marca de circunstancialização temporal "Era uma vez"; outros dois iniciam com outras marcas – um com "Um dia" e o outro com "Serta vez". Os demais textos – quatro do total – não iniciam com marcas explícitas de circunstancialização temporal.

Supondo que o enunciado interrogativo da instrução é o que se apresenta como o mais proeminente, vejamos de que maneira o escrevente organiza, por intermédio de uma *réplica* a esse enunciado, a dialogia com a instrução e, por tabela, com o texto-base.

- A dialogia com a instrução configura-se por uma fixação quase exclusiva no enunciado interrogativo e, mais especificamente, no início dele – no termo topicalizado *você*. Nesse caso, é interessante observar, como o exemplo dado no início desta seção desse estudo, que o escrevente se representa como sujeito-locutor, como figura textual que pode solucionar o problema do encanto da cobra. Por outro lado e conseqüentemente, ao enunciar *eu*, o escrevente supõe estar atendendo à própria solicitação, imposta pelo enunciado interrogativo, de *arrumar* uma solução para aquele problema. Trata-se, portanto, de uma *réplica* que, ao mesmo tempo que dá uma configuração narrativa à circunstância da quebra do encanto, cumpre uma injunção institucional – a injunção de dizer algo, de responder. Vejamos os textos.

> (2) Eu sou um guerreiro muito valente e corajoso vou corta o rabo da cobra e liberta a índia do feitiço e eu Jolbe vou liber ta a india da noça terra. FIM
> (Texto: "A cobra grande".)

(3) Eu SOU UM GUEREIRO MUITO FORTE UM DIA EU FUI quebra U FEITISO DA COBRA GRANDE COM UMA FACA VIRGEN EU TENTEI Quebra O FEITISO MAIS NÃO CONSEQUIR EU FUI 2 DIAS eu NÃO COSEQuir ATE Que U DIA EU CONSEQuir ela se casou com TURi. O FILHO DE PaGE FICOU muito Bravo E PACOCA e Turi VIVERAM FELIZEZ PARA SEMPRE.
(Texto: "A COBRA GRANDE".)

■ Ainda que o enunciado interrogativo da instrução continue sendo o mais proeminente, os textos a seguir procuram contextualizar a circunstância da quebra do encanto. A dialogia com a instrução, nesse caso, é constituída pela suposição dos escreventes de que é necessário não apenas garantir a relevância daquele enunciado interrogativo como também integrá-lo a uma configuração narrativa que lhe atribua coerência. É assim que, ao retomar o texto-base:

a) os escreventes inventam outra solução que não a proposta no texto-base, trazendo ao texto produzido outras referências intertextuais, como as relativas à linguagem cinematográfica ou as relativas a textos mais próximos do gênero *contos de fadas*.

(4) Era uma vez uma imdia que vivia numa floresta. Tinha um menino que gostava tanto mas tanto mais tanto mais tanto mesmo mas tinha um problema ela não gostava dele ai o menino pedio para seu pai fazer um femtiso para ela gostar dele mas o pai não concegia fazer esse fentiso e se emvocou e fez que ela se virase uma cobra.
Ai tinha um rapais que veio da sidade grande estava com tanto soho que adormeseu e teve *um omenzinho verde* ai ele dise para o rapaz ei, ei, ei ai o rapais se acordoue e depoi de tantomvesa sabo o que aconteseu?
O rapaz pegou o pau do seu acampamento e *emterou u pao au meio da cobra e a cobra voutou a ser idia e os dos viveram felizez para sempre.*
(Texto: "*O fentiso da cobra 2 o utimo conbate*".)

(5) Era uma vez uma india e ela estava enfeitiçada e virou uma cobra e tinha outra cobra. Elas foram atrás de um navio e começaram a atacar, e *eu estava no navio e cortei a cabeça das duas cobras*. E uma cobra morreu e a outra cobra virou uma india bela e atraente.
(Texto: "O feitiço da cobra 2º *combate*".)

(6) Era uma vez uma índia muito bela e o Paje trasformou ela em uma cobra muito grande e para desfazer o encanto *tinha que dar um beijo na cobra e o índio deu um beijo na nele tornou uma bela india denovo e se casaram e viveram felizes para sempre.*
(Texto: "A bela índia".)

(7) Era uma vezes uma *prisesa india*. que não gostava de um menino *mas gostava de um prisipe*.
O nome da prisesa era viviane e o do prisipe era neto.
Um bela dia o pai do menino que a prisesa não gostava Feis um majia par prisesa para ela ee ela viro uma coba crande eso uveitiso se guera sose *um prisipe cortase com uma flacha*.
(Texto: "Acobra crande".)

(8) Um dia dois Indios estavão Apaichonados pela uma Indía filho de Page e apaichonado pela Indía só que Ela não Era apaichonada pelo filho de Page. Ela era apaichonada pelo outro filho de Page não gostou daquilo emtão fez um feitiso e transformou a Indía em um cobra grande e *só disfaz o feitiso quen cortase o rabo dela cem olhar pratras E o outro Indio beijou ela e citrasformou numa linda Indía* Fim
(Texto: "A Indía Bela apaichonada".)

Em (4) e (5), temos a referência à linguagem cinematográfica de "filmes de ação", que, em muitos casos, são produzidos em vários episódios (ver a série *Star Wars*, por exemplo). Essa referência – que aparece já no próprio título dos textos – leva-nos, também, a supor que o escrevente representa seu gesto narrativo circunscrito à tarefa de *recontar*, uma vez que, ao dar um título a seu texto, assinala que se trata de um "2º combate", isto é, que o início da história a ser contada localiza-se em uma história anterior, que está sendo retomada.

Já em (6) e em (7), a suposta solução para o encanto da cobra é constituída em referência aos contos de fadas. No caso de (6), supomos que a remissão se aproxima do conto "A Bela Adormecida", já que "para desfazer o encanto *tinha que dar um beijo na cobra*", o que ocasionaria a quebra do encanto e, por conseguinte, o *happy end* do casal: "*tornou uma bela india denovo e se casaram e viveram felizes para sempre*". Em (7), embora seja retomada a solução do texto-base, muda-se o agente da ação, agora um príncipe: "eso uveitiso se guera sose *um prisipe cortase com uma flacha*". Já em (8), embora faça referência ao corte do rabo da cobra como alternativa para a quebra do encanto, o escrevente traz a seu texto a resolução recorrente nos contos de fadas: "*E o outro Indio beijou ela e citrasformou numa linda Indía.*" Além disso, vale notar que, em seu próprio título, esse texto explicita uma significativa referência intertextual: "A Indía *Bela* apaichonada" também lembra muito de perto o conto "A *Bela* Adormecida" – a própria nomeação da personagem, como ocorre na versão escrita do conto clássico, é grafada com letra maiúscula.

b) os escreventes retomam a mesma solução que aparece no texto-base para a quebra do encanto da cobra.

(9) Era uma vez, uma Bela india que não gostava do filho do pajé.
Então anconteceu uma coisa muito feia com ela?
– Ela virou uma cobra que era muito grande que tinha um lugar secreto que era de Baixo de uma igreja.
O pajé tinha um filho muito Bom, ai o paje queria conceguir um homem corajoso para corta o rabo da cobra.
Mas um dia ele até achou um homem muito corajoso pajé falou com ele sobre uma cobra muito feia até que um dia ele achou uma cobra grande muto, grande ele quase pagava mas não conseguiu *ele vinha com uma faca e a cobra passou o dia lá na igreja.*
(Texto: "A india que virou cobra".)

(10) Era uma vez uma imdia que vivia no povo dos indios. Certo dia apareceu três gerreiros muito corajosos que estavam apaixonado pela india o nome deles era do primeiro guerreiro e turi e do segundo guerreiro era pajé mas a india gostou do Turi o Pague ficou furiozo e pediu para seu pai ajudar a fazer um grade feitiço para trasformar a india pacoca numa cobra horrivel que *só um guerreiro podese desfazer o feitiço com uma faca virgem ele tem que cortar a ponta do rabo dela e ela voltara aser uma bela india."*
(Texto: "A bela india que virou cobra".)

(11) Era uma vez uma menina que esta enfeitissada.
E ningem queria *cortar o rabo dela todos*
Tinham medo de *cortar o rabo dela*
O nome dela era a cobra gande.
Ficava enbaixo duma igrega onde niguen podia cortar o rabo dela.
Todos que iam não concigui voutar vivo.
Todos eles não sabião que não podia olhar para atrás. Ninguém não podia matar a cobra grande todo mundo tinha medo dela. Fim.
(Texto: "A cobra do encanto".)

(12) Era uma vez uma cobra que se chamava pacoca a tinha sido amaldissuada em cobra e ai Layse e lorena foram descubrir o misterio da cobra Lrena foi para mata perto igreja a cobra estava enterrada *Layse e Lorena foram cortar o rabo da cobra debaixo da igreja* Layse desemterrou Lorena cortou derrepente virou uma mulher linda. Altoras Layse e Lorena
(Texto: "Desfazendo o encanto da Cobra Grande".)

(13) O grandi sabio Pague dici na iscuridam disse meu filho saia da oca filho saiu sem peceber que Turi estavo ouvindo a convessa de Pague. Eo indio Turi estava olhando de fora da oca e quando ele ouviu que a india de seu coração era a cobra grande.
Ele correu pegou a sua faca virgem e coreu atras da cobra grande e *acho ela dormindo e aproveitou e cortou o seu rabo* e ficarão felizis para sempre.
(Texto: "Quebrando o encanto da cobra grande".)

(14) Era uma vez uma cobro grande e mágica que era uma mulher enfeiticada pelo paje porque ela gostava do turi mas ela não gostava dofilho do paje e o paje transformol ela em cobra porque era um castigo para ela *pro feitiço acabar tinha que corta o rabo dela com uma faca virgem.*
(Texto: "O encanto da cobra mágica".)

(15) Era uma vez uma índia que amava paje so que ela amou indio e ai o paje fez uma magica que ela virou uma combra e *a única maneira de acabar com o encanto era um homem muito corajoso e forte porque tinha que corta o rabo da cobra para ela pode vicar normal.*
FIM
(Texto: "O encanto do pajé".)

Pela leitura desses textos fica claro que os modos de reconfiguração da circunstância do texto-base relativa à quebra do encanto não são absolutamente iguais: ora mudam-se os agentes da quebra do encanto – caso do texto (12) –, ora relaciona-se a quebra do encanto com o *happy end* dos contos de fadas – caso do texto (13) –, para ficar nesses exemplos.

■ os escreventes procedem à caracterização das circunstâncias de aparecimento da personagem índia e do conflito que emerge do fato de ela despertar, simultaneamente, o interesse de dois índios. Pode-se fazer menção à circunstância da transformação da índia em cobra, mas se apaga a referência à quebra do encanto, circunstância-chave para a instrução, conforme vimos. O que parece ocorrer, nesse caso, é o apagamento das instruções em favor de uma *réplica* ao texto-base, marcada pelo não-reconhecimento do enunciado interrogativo da instrução. O interessante é que esse modo de circulação dialógica do escrevente afasta-se bastante do enunciado interrogativo da instrução, opondo-se àquele modo de circulação – caracterizado no item *a* anteriormente citado – em que a *réplica* à instrução se configura quase como uma resposta direta ao enunciado interrogativo.

(16) Era uma vez uma linda india que se chamava, Pacota e o filho do Paje gostava muito dela e como a india gostava de outro indio então o paje fes um negoso muito feio ele fes ela vira cobra e ate oje ela esta debaixo de uma igeja.
(Texto: "A india que virou cobra".)

(17) Era uma vez uma cobra grande e magica que era uma mulhe enfetiçada pelo o pai do namorado dela. Mas só que ela gostava de outro, e o pai dele ficol muito orgulhoso diço que o pai queria que se casace com ela.
(Texto: "O encanto da cobra magica".)

(18) Era uma vez uma linda india que se chamava Pacota e o filho do pague gostava muito dele eles brinco u dia dirrepemti a india virou cobra e o seu filho saio corredo com pague *a cobra saio atrais dos menino e ele sobiro na arvore e a cobra subio atrais e emtão a cobra * i atrais de les e dirrepete ela pego no sono e eles se pedero* e emtaon acabo a estora A cobra Grade
(Texto: "A india que virou cobra".)
* Palavra ilegível.

O texto (18) pode ser considerado um bom exemplo de apagamento das instruções em favor de uma *réplica* ao texto-base: nele, a fuga dos meninos e o próprio fato de a cobra "pegar no sono" – o que indica a tentativa de atribuir uma característica humana ao animal – lembram muito certos relatos de aventuras infantis. Essa remissão a práticas cotidianas pode confirmar aquela percepção de Jurado Filho, já mencionada, da relação entre a prática narrativa e a ação cotidiana.

■ nos textos a seguir, o que parece ocorrer é o desconhecimento da circunstância que produz o conflito na lenda utilizada como referência para a atividade – o encanto da cobra e a busca de uma solução para desfazê-lo. Nesse caso, o gesto de recontar individua-se exatamente por levar ao limite o não-reconhecimento da circunstância narrativa posta em destaque pelas instruções. Os escreventes orientam seus textos para outra espécie de conflito, o que os leva a buscar também uma outra solução para o conflito inventado. Esse deslocamento, como podemos perceber pela leitura dos textos, produz *subversão* (para usar um termo de Maingueneau, já citado) não apenas em relação ao texto-base, como também em relação ao próprio gênero – *lendas* – em que ele está imbricado.

(19) Serta vez eu estava brincando com mus amigos Marcelo, Rosalino, Tiago, Rafael e Ulace nós estávamos no campo quando a parecel uma cobra e nós corremos para sima do prédio e então pegamo uma flecha e a pomtamos para a cobra a sim ter mina a istoria.
(Texto: "O encanto da cobra Màgica".)

(20) Era uma veis uma cobra gigante gostava come passarinho setor dia a cobra foi cassa passarinho ela viu um ninho de passarinho e o filho estava dentro do ninho o passarinho estava domido dentro do ninho de passarinho e o pai aparesseu comdo a cobra estava pegando o ninho de passarinho comdo o pai aparesseu a cobra jatinha pegado o ninho de passarinho quando o pai aparesseu o ninho de passarinho não estava lá.
(Texto: "O emquato da cobra grande".)

Em (19) e em (20), destaca-se o sentido atribuído à cobra: em nenhum momento se faz referência ao fato – essencial ao texto-base – de ela ter sido índia. Nesse caso, os alunos parecem somente eleger a personagem cobra do texto-base, apagando qualquer referência à lenda (e ao processo de "zoomorfização" – metamorfose de um ser humano em animal) em que essa personagem adquire um sentido particular.

* * *

4.1.3. Quadro-síntese da análise

O gesto de recontar e o gênero
instruções para a atividade de produção escrita

Textos-base	Modos de dialogia com os textos-base por meio da instrução
Contos "Chapeuzinho Vermelho" e "Chapeuzinho Amarelo"	■ Dialogia como apagamento da referencialidade a elementos do texto-base. ■ Dialogia como remissão aos textos-base: a) *colagem* de elementos dos textos-base; b) constituição de um efeito de paródia em relação ao texto-base clássico; c) remissão ao caráter escritural da oralidade presente no gênero; d) remissão ao caráter institucional da instrução: a *réplica* constitui-se nos limites das injunções que a instrução estabelece.
Lenda "A Cobra Grande"	■ Dialogia como resposta direta ao enunciado interrogativo proeminente da instrução. ■ Dialogia como remissão à circunstancialização narrativa do texto-base, mas com diferentes réplicas ao comando da instrução que orientava para que se "arrumasse outra solução para a quebra do encanto da cobra": a) inventa-se outra solução pelo recurso a outras referências intertextuais; b) inventa-se outra solução pelo recurso a práticas cotidianas; c) retoma-se a mesma solução do texto-base. ■ Dialogia pelo apagamento da referência à quebra do encanto, embora as circunstân-

Lenda "A Cobra Grande"	cias de aparecimento da personagem índia e do conflito que esse aparecimento produz sejam mantidas. ■ Dialogia como desconhecimento da circunstância que produz o conflito na lenda – o encanto da cobra e a busca de uma solução para desfazê-lo. Leva-se ao limite o não-reconhecimento da circunstância narrativa posta em destaque pelas instruções.

4.1.4. Síntese complementar

Antes de passarmos à organização das marcas lingüísticas que caracterizam modos de relação dos escreventes por dois planos complementares de circulação (inter)genérica – a tradição oral e a institucionalização dessa tradição por meio da escola (e da escrita) –, vale destacar algumas percepções decorrentes da abordagem global que acabamos de fazer dos textos. Nossa pretensão, como ficou explicitado, foi caracterizar diferentes gestos de recontar por meio de modos diversos de circulação dialógica dos escreventes pelo gênero *instruções*. Circulando por esse gênero (escolarizado), os escreventes individuam a tarefa escolar de recontar, ora *captando* tal e qual o texto-base e o gênero em que ele está intrincado, ora *subvertendo* o texto-base – nesse caso, provocando ou não mudanças no gênero em que este último se constitui. Um bom exemplo de *captação* do texto-base e do gênero *contos de fadas* é aquele – texto (8) da seção *4.1.1.* – em que se dá a tentativa mais referencializadora do que chamamos de *caráter escritural da oralidade*, aspecto constitutivo da tradição oral que está na base dos contos. Por outro lado, um exemplo de subversão do texto-base e de mudança genérica pode ser encontrado nos textos em que a remissão do escrevente se direciona não à tradição narrativa, mas à ação cotidiana, ocasião em que se põe em destaque, por exemplo, uma configuração narrativa muito próxima da que aparece na linguagem cinematográfica de filmes de ação ou em que se apaga o caráter *fantástico* de que se reveste a lenda que serviu de referência à atividade.

A análise dos textos nos permitiu confirmar a suposição de que não há razões para postular uma delimitação absoluta entre os gêneros. O caráter de mistura que deles é característico coloca questões relevantes do ponto de vista teórico-metodológico: não há como crer na possibilidade de linearização, por meio de uma análise que se pretenda *objetiva*, da não-linearidade que constitui os enunciados da escrita infantil. A tentativa de interpretação que fizemos, pela organização dos textos escritos segundo modos diversos de circulação dos escreventes pelos gêneros *instruções*, *contos de fadas* e *lendas*, não pretendeu ser a única interpretação possível da relação escrevente-que-reconta–linguagem. A provisoriedade da análise que propomos existe e encontra sua coerência no próprio referencial teórico-metodológico que norteia nossa investigação: não nos parece adequado postular uma caracterização definitiva e absoluta dos dados da escrita escolar infantil.

Um contraponto entre os dois conjuntos de análise que fizemos não nos parece tão simples, por pelo menos duas razões: em primeiro lugar porque optamos por considerar os dois gêneros inscritos no que comumente se caracteriza como *contos populares*, o que nos levaria a supor que ambos funcionam de modo similar no evento *Recontando histórias*; em segundo lugar, pelo fato de os dois conjuntos de textos terem sido produzidos por turmas distintas – de, portanto, dois anos letivos diferentes. Isso impede que assinalemos variações na circulação de um mesmo grupo de escreventes por vários gêneros, já que não optamos, neste estudo, por um *corpus* longitudinal.

Essa última restrição metodológica não nos impede, entretanto, de destacar alguns aspectos da abordagem global dos textos, como os que se seguem.

a) O termo *fim*, presente em todos os textos relativos ao gênero *contos de fadas*, aparece em apenas cinco do total de vinte textos relativos ao gênero *lendas*. Supomos que esse fato, embora esteja associado a uma determinada *réplica* às instruções, marcada por uma injunção de cunho institucional, relaciona-se também à própria completude formal que o gênero *contos de fadas* parece exigir e que não é fator determinante no gênero lendas. Note-se, por exemplo, que o *happy end* dos contos de fadas põe o escrevente na posição de ter que dar um acabamento à seqüenciação narrativa. Já na lenda esse acabamento é desnecessário e talvez nem seja desejável, considerando-se a necessidade de garantir a continuidade da história, o seu não-fechamento, a incompletude indispensável para que se deixe em suspenso se, por exemplo, "o encanto da cobra será quebrado ou não".

b) Se as considerações sobre o termo fim afastam, de certo modo, os gêneros *contos de fadas* e *lenda*, há um outro aspecto que os aproxima e relativiza essas considerações: trata-se da interseção de elementos dos dois gêneros nos textos dos alunos. Essa mistura genérica está indiciada, por exemplo, no *happy end* clássico – mais próximo dos contos de fadas – que aparece no final dos textos relativos à lenda. Embora mais próximo dos contos de fadas, o enunciado "viveram felizes para sempre", ao aparecer indistintamente no final de textos relativos ao conto e à lenda, indicia, como supúnhamos, que há um funcionamento similar dos dois gêneros quando eles passam a ser escolarizados, isto é, quando inseridos no funcionamento mais amplo do evento *Recontando histórias*. Outra hipótese complementar a essa diz respeito à percepção de que marcas como as que mencionamos podem estar revelando o registro de um momento da história de leituras da criança, em que a leitura de lendas não é freqüente, justificando a constante remissão ao gênero contos de fadas.

c) O apagamento das instruções em favor de uma *réplica* particular ao texto-base ocorre nos dois conjuntos de textos. Nesse caso, dá-se o não-reconhecimento de circunstâncias constitutivas dos textos-base, como personagens, enredo, cenário etc. O apagamento das instruções ocorre, então, como anulação de referências explícitas aos textos-base. No caso particular de alguns textos referentes à lenda, o gesto de recontar individua-se exatamente por levar ao limite o não-reconhecimento da circunstância narrativa posta em destaque pelas instruções. Os escreventes orientam seus textos para outra espécie de conflito, o que os leva a buscar também uma outra solução para o conflito inventado. Considerando que as instruções buscavam orientar para o recontar, o não-reconhecimento dessas referências implica o não-reconhecimento das próprias instruções.

d) Em oposição a esse apagamento das instruções, dá-se – no caso do conjunto de textos relativos à lenda – a fixação no enunciado interrogativo da instrução. Ao representar esse enunciado como o mais proeminente, o escrevente anula (ou minimiza) outras circunstâncias necessárias à configuração da narrativa, como o próprio conflito que produz a complicação no todo da história. Supomos que esse modo de circulação do escrevente tem a ver com a *estratégia reparatória* de que fala de Lemos (1988), ocasião em que, ao enunciar *eu*, o escrevente tenta preencher o espaço (institucional) em que se localiza a injunção-pergunta da instrução – "E você, que outra solução arrumaria para quebrar o encanto da cobra?".

e) Por fim, é importante destacar que os modos de circulação dialógica pelo gênero *instruções* apontam, na verdade, para modos de circulação pelos textos-base. Isso confirma nossa suposição acerca do papel central das instruções no evento *Recontando histórias*: por meio delas, é possível, de fato, interpretar modos de dialogia de quem reconta com os textos-base e com os gêneros em que esses textos se constituem. O papel das instruções parece tão relevante que nenhum dos textos produzidos em relação à lenda, por exemplo, fez referência à circunstância relativa à possibilidade de submersão da cidade caso o encanto lançado sobre a índia fosse desfeito: esse fato nos leva a confirmar a suposição de que, ao eleger um fragmento do texto-base como aquele sobre o qual deveria incidir o gesto de recontar dos alunos, as instruções acabam por apagar a importância de outros fragmentos, tal qual o que mencionamos – a submersão da cidade[4].

Após a abordagem global dos textos dos alunos em sua relação com as instruções, nosso próximo e último gesto será organizar as marcas lingüísticas que caracterizam certos modos de circulação dialógica do escrevente. Tal organização amplia essa abordagem que fizemos pela busca em caracterizar as marcas lingüísticas da circulação dialógica por meio da consideração de dois planos complementares: a) a tradição oral constitutiva dos modos de produção histórica dos gêneros *contos de fadas* e *lendas*; b) a institucionalização dessa tradição por meio da escrita (e da escola).

Por considerarmos que o gênero *instruções para a atividade de produção escrita* é constituído no contexto de institucionalização das práticas de escrita e que ele está intimamente relacionado aos outros dois gêneros, será inevitável, na análise a seguir, retomarmos algumas considerações que já fizemos ao caracterizar os modos de circulação dialógica dos escreventes por esse gênero.

---

4. A não-consideração da circunstância relativa à possibilidade de submersão da cidade caso o encanto fosse desfeito pode estar apontando também para o fato de que esse tipo de acontecimento foge do *universo discursivo* dos escreventes-alunos que constituem nossa população de pesquisa: como vimos, trata-se de crianças que vivem em um contexto urbanizado em que a possibilidade de um rio fazer submergir toda uma cidade não se coloca de modo freqüente. Agradecemos a Anna Christina Bentes por ter sugerido essa hipótese.

4.2. Modos de circulação dialógica nas marcas lingüísticas

4.2.1. Marcas que indiciam a circulação dialógica pela tradição oral

Organizamos, nesta seção, as marcas que indiciam a circulação do escrevente pelo que designamos *caráter escritural da oralidade*. Esse modo de circulação está caracterizado como presença constitutiva do letrado no oral: ao se alçar à tradição narrativa oral em que se constituem os gêneros *contos de fadas* e *lendas*, o escrevente retoma aspectos dessa tradição oral que, permanecendo no tempo – daí seu caráter *escritural* –, são reatualizados no texto produzido. Por um tal modo de remissão, opera-se, no texto do escrevente, o encontro entre as práticas sociais do letrado–oral – lugar de constituição de gêneros como *contos de fadas* e *lendas* – e os fatos lingüísticos do escrito–falado, caracterizando o que Corrêa (*id.*) designa como "modo heterogêneo de constituição da escrita". São de dois tipos as marcas que sinalizam a remissão ao caráter escritural da oralidade: a) marcas que remetem à temporalidade indefinida da tradição oral; b) marcas que remetem a um modo particular de configuração seqüencial das histórias contadas.

4.2.1.1. Marcas que remetem à temporalidade indefinida da tradição oral

Um exemplo recorrente da remissão à temporalidade indefinida dos contos de fadas suposta, pelo escrevente, como uma exigência que deve ser considerada na produção dos textos, é o aparecimento freqüente do clássico "Era uma vez" no início dos textos. Essa forma material – uma espécie de *início codificado*, como sugeriu François (*op. cit.*, p. 202) – aponta para uma suposta maneira de constituição dos fatos a serem recontados, sendo regulada por um funcionamento já dado – o funcionamento que se cristalizou nos contos de fadas.

Entre todos os textos analisados quanto a esse aspecto da circunstancialização temporal por meio de uma forma material que remete à temporalidade dos contos de fadas, há casos em que se busca articular dois modos diversos de circunstancialização temporal, como na ocorrência a seguir.

> *Era uma vez* uma garotinha que fazia aniversário *neste mesmo dia*, entam estavam preparando sua festa de aniversário mais chegou sua boneca e falou(...)
> (Texto: "Chapeuzinho Amarelo".)

O que chama a atenção para essa ocorrência é o gesto de recontar do escrevente que, se, por um lado, localiza os fatos em uma temporalidade indefinida – "Era uma vez" –, mantendo dialogia com os contos de fadas, por outro, busca ancorar esses fatos no que representa como a situação concreta de enunciação – "neste mesmo dia" –, plasmando-a no registro gráfico. Trata-se de um momento de maior expressividade do escrevente (ver Chacon, 1998, e Silva, 1991). Um outro modo de interpretar essa ocorrência é afirmar que sua ancoragem se dá por anáfora – retomada de *aniversário*. Nesse caso, o aniversário seria o tópico saliente, merecedor de uma retomada com o presente da enunciação.

Ocorrência similar temos a seguir, em que se verifica a alternância entre a temporalidade da tradição oral e o registro do que o escrevente representa como situação concreta de enunciação escrita (ocasião em que ele acredita ser necessário explicitar ao outro-interlocutor que a história chegou ao fim). O que temos, nesse caso, é a circulação dialógica do escrevente por duas interlocuções: a temporalidade indefinida presente na tradição oral e a tentativa de registro de um dos elementos constitutivos da situação concreta de enunciação – o interlocutor. É por meio dessa tentativa de registro que se produz o efeito de presentificação do enunciador: é como se estivéssemos em uma situação de diálogo face a face e houvesse a necessidade de monitorar o fluxo narrativo, delimitando o seu fim.

> *Era uma vez* (...) e dirrepete ela pego no sono e eles se pedero e *emtaon acabo a estora.A cobra Grade*.
> (Texto: "A india que virou cobra".)

Dois outros aspectos da remissão à temporalidade característica da tradição oral aparecem nas ocorrências a seguir. O primeiro diz respeito ao final das narrativas, em que se retoma uma temporalidade também indefinida. Isso se revela no "e viveram felizes para sempre", que aparece em quatro dos vinte textos relativos à lenda. Essa circunstancialização temporal não-localizável – "para sempre" – pode configurar-se, no caso dos textos relativos à lenda, do modo a seguir.

> ele fes ela vira cobra *e ate oje* ela esta debaixo de uma igeja.
> (Texto: "A india que virou cobra".)

Esse "e ate oje" assegura o não-fechamento da história, a incompletude necessária para que ela assuma também a função disciplinadora de *aconselhamento*: não se deve sequer tentar quebrar o encanto da cobra, já que isso implicaria a submersão da cidade; ademais, ninguém conseguiu "até hoje" quebrar esse encanto. O uso dessa marca associa-se, a nosso ver, a um outro similar – o de "dizem que" –, que remete a um enunciador universal, freqüente em relatos constituídos na tradição oral. O mais comum parece ser a construção "dizem que até hoje".

Por fim, um último aspecto relacionado à temporalidade da tradição narrativa oral tem a ver com a organização textual. Nas ocorrências a seguir, o escrevente alterna o "Era uma vez" com uma especificação dessa temporalidade para efeito de configuração dos fatos a serem recontados. Trata-se de uma retomada anafórica do "era uma vez", circunstância temporal indefinida que precisa ser especificada para funcionar na orientação que o texto objetiva tomar.

Era uma vez uma imdia que vivia no povo dos indios. *Certo dia* apareceu três gerreiros muito corajosos que estavam apaixonado pela india(...)
(Texto: "A bela india que virou cobra".)

Era uma veis uma cobra gigante gostava come passarinho *setor dia* a cobra foi cassa passarinho(...)
(Texto: "O emquato da cobra grande")

4.2.1.2. Marcas que remetem a um modo particular de configuração seqüencial das histórias contadas

Quanto às marcas que remetem a um modo particular de configuração seqüencial das histórias contadas, a mais freqüente é o uso narrativo do conector *e* que, nos termos de Corrêa (*op. cit.*, pp. 200-2), indica "modos fragmentários de integração" na sintaxe. Ainda segundo o autor,

> Nesse caso, a tentativa de integração é feita com base na relação entre sintaxe e tipo de texto. Nesse momento narrativo, o escrevente recorre, porém, à narratividade enquanto princípio enunciativo. A esse recurso, muito presente nos relatos orais, o escrevente busca fazer corresponder o envolvimento de seu interlocutor. Eis, pois, evidenciada, nessa busca de envolvimento a partir da narratividade, a relação sujeito/linguagem por onde o escrevente circula nesse momento e para a qual busca trazer a adesão de seu interlocutor.

Vejamos as seguintes ocorrências desse uso do "e":

Uma vez, um menino chamado Gustavo estava passeando no cimiterio, *e* depois que visitou uns tumulos viu um fantasma, *e* o fantasma correu muito atrás dele *e* se cansou
Gustavo viu uma casa *e* entrou para se esconder do fantasma *e* lá encontrou mais fantasmas ainda do que tinha no cimiterio, *e* correu pela casa toda mais não conseguio sair cada porta que ele encontrava não era a da saida, ficou disisperado abril uma das portas que tinha, *e* caiu pra fora da casa. E re-

solveu se vistir de fantasma para ver se eles eram pessoas fantasiadas ou se era fantasmas mesmo.
(Texto: "Os fantasmas".)

O rapaz pegou o pau do seu acampamento *e* emterou u pao au meio da cobra *e* a cobra voutou a ser idia *e* os dos viveram felizez para sempre.
(Texto: "O fentiso da cobra 2 o utimo conbate".)

O uso do *e*, como podemos perceber, indicia um modo narrativo de enunciar por escrito. Se, por um lado, esse uso tem um funcionamento particular na seqüenciação das circunstâncias de que se compõe o texto, por outro, ele atribui ao gesto de recontar o estatuto de gesto enunciativo por excelência, já que o escrevente parece convocar o interlocutor para a tarefa de narrar. Esse modo de integrar sintaticamente as seqüências mantém, então, diálogo com o modo como as histórias são contadas (e recontadas) em situações em que o gesto narrativo se dá por meio de relatos orais, caso dos gêneros plasmados na tradição oral – *contos de fadas* e *lendas*.

Funcionamento similar a esse encontramos no texto "Chapeuzinho azul". No caso, a repetição do *e*, acompanhado do termo *depois*, ganha o estatuto de marca de organização textual. Por outro lado, essa repetição tem um caráter retórico, já que se constitui em ancoragem temporal nos tópicos – "convite da prima", "dança das duas primas", "o término da festa" –, de acordo com o interesse (suposto) do interlocutor.

E depois disso sua prima convidou Chapeuzinho azul para dançar.
E depois delas duas dançarem a mãe de sua prima, ofereceu para Chapeuzinho azul um bolo e um pastel e um pouco de refrigerante.
E depois a festa terminou.
(Texto: "Chapeuzinho azul".)

Outro indício relevante do envolvimento direto do interlocutor e que também tem função de organização do texto é o uso do articulador textual *aí*. Esse articulador é reiterado, em geral, ao longo de toda a narrativa. Vejamos a seqüência:

> ela não gostava dele *ai* o menino pedio para seu pai faze um femtiso para ela gostar dele(...)
> *Ai* tinha um rapais que veio da sidade grande estava com tanto soho que adormeseu e teve um omenzinho verde *ai* ele dise para o rapaz ei, ei, ei ai o rapaz se acordoue(...)
> (Texto: "O fentiso da cobra 2 o utimo conbate".)

Como se percebe, *aí* é usado pelo escrevente como tentativa de garantir a continuidade narrativa e de garantir, por essa via, a manutenção do envolvimento do interlocutor com o fio narrativo. Como muito bem lembra Corrêa (*op. cit.*, p. 243):

> Esse uso de "aí" como articulador é reconhecidamente uma marca dos gêneros narrativos mais informais, cujo traço de coloquialidade busca reproduzir, mesmo quando utilizado em situação de uso mais formal, o andamento do desenvolvimento temático na situação imediata de comunicação em que o escrevente supõe a participação direta de seu interlocutor.

Por outro lado, o uso de *aí* tem uma função de progressão temporal na narrativa: esse articulador marca alteração dos momentos dentro da narrativa, introduzindo informação nova. Essa marcação indicia, por seu caráter fático, a tentativa do escrevente de não perder o contato com seu interlocutor, de torná-lo co-participante da produção narrativa do texto.

Outra pista relevante da tentativa de busca pelo escrevente do envolvimento do interlocutor e que traz também um funcionamento relativo à organização textual é o *então*. É relevante assinalar o modo como esse elemento acaba entrando no texto em substituição ao articulador *aí*. Vejamos duas ocorrências:

> Chapeuzinho andava pela a floresta com uma cestinha de maçã para leva pra sua avô derrepente iscutou um barulho escesito atras de um monte de folha espalha e foi ver o que era vi um lobo munto malvaldo o lobo olhou para Chapelzinho e Chapelzinho correu vuado para cada da vô o lobo foi pelo o mato e chegou na casa vô primeiro de que a chapelzinho *Entam* o lobo bateu na porta fingindo que era chapeusinho *entam* a vó foi atende ao lobo quando a vó abriu a porta o lobo engoliu a vó com tudo entrou na casa e se disfarçou co a ropa da vovó. La vem chapeusinho so com uma carreira(...)
> (Texto:"Chapelzinho e o lobo".)

> – Mas Chapeuzinho não vem para a sua próprio aniversário só por causa da tosse não depois da tossi ela ficou com medo de tudo até de andar para não cair e para não pegá-la.
> *Então* ela foi para cama dormir e teve um pesadelo.
> No pesadelo ela encontrou a mula cem cabeça a deusa da meleca e um lobo muito mau e todos queriam assustá-la mais ela estava perdendo o medo.
> *Então* ela fez a festa dela.(...)
> (Texto: "Chapeuzinho Amarelo".)

O uso de *então* nos chama a atenção porque parece indiciar o que o escrevente representa como uma exigência da escrita. O escrevente acaba supondo que *então* é mais adequado à escrita e que seu suposto equivalente – *aí* – é mais próprio da fala. Se considerarmos que o uso de *então* em substituição a *aí* fazia parte das recomendações pedagógicas durante o processo de produção escrita, fica-nos claro que esse uso se constitui também em uma *réplica – estratégia reparatória*, nos termos de de Lemos (*op. cit.*) – ao que o escrevente representa como a expectativa de quem propôs a atividade de produção escrita.

Ainda no que diz respeito à seqüenciação das circunstâncias da história narrada, vale acrescentar às considerações feitas sobre *e* e *aí* o uso do recurso da repetição. Essa repetição tem, como se pode observar, uma função relevante na estruturação do texto e revela que, no planejamento enunciativo, o escrevente busca dar a seu interlocutor o *status* de co-produtor, de co-participante do relato, razão por que as informações novas são apresentadas passo a passo, como se o escrevente estivesse monitorando o seu dizer com o objetivo de que o interlocutor assimile as informações que aquele julga relevantes para a continuidade temática do relato (sobre a repetição no texto falado, cf. Koch, *op. cit.*, pp. 93-109).

Vejamos as ocorrências a seguir:

Tinha um menino que gostava tanto mas tanto mais tanto mais tanto mesmo mas tinha um problema ela não gostava dele(...)
(Texto: "O fentiso da cobra 2 o utimo conbate".)

Era uma vez uma menina que esta enfeitissada.
E ningem queria cortar o rabo *dela* todos
Tinhan medo de cortar o rabo *dela*
O nome *dela* era a cobra gande.
Ficava enbaixo duma igrega onde niguen podia cortar o rabo dela.
Todos que iam não concigui voutar vivo.
Todos eles não sabião que não podia olhar para atrás. Ninguém não podia matar a cobra grande todo mundo tinha medo *dela*. Fim.
(Texto: "A cobra do encanto".)

Na primeira ocorrência, a repetição tem um caráter que, nos termos de Koch (*op. cit.*, p. 96), poderia ser designado como *retórico*. Trata-se, como assinala a autora, da "técnica da água mole em pedra dura", pela qual o escrevente, reiterando o mesmo item lexical – "tanto mas tanto mais tanto mais tanto mesmo" –, tenta persuadir seu interlocutor da intensidade do amor do "menino" pela "imdia". O interessante é notar que a reiteração, nesse caso, na medida em que vai sendo produzida, acrescenta uma progressão ao caráter intensificador da seqüência: o "tanto" torna-se "mas tanto". Em seguida, o "mais tanto" é intensificado por "mais tanto" seguido de "mesmo".

Já na segunda ocorrência, a repetição funciona na tentativa de garantia da coesão textual, estabelecendo a co-referencialidade entre "menina" (depois nomeada "cobra grande") e "dela". Ainda no que respeita a essa ocorrência, é interessante assinalar a reduplicação da negação que, na ocorrência em questão, intensifica negativamente o tópico verbal "podia matar" – "Todos eles não sabião que não podia olhar para atrás. *Ninguém não* podia matar a cobra grande todo mundo tinha medo dela". Koch (*op. cit.*, p. 106) assinala essa co-ocorrência da partícula de negação com outras formas de negação, afirmando ser essa uma característica em algumas línguas, especialmente românicas. No caso do português falado/não-padrão do Brasil, esse é um fenômeno que vem se intensificando cada vez mais.

* * *

As marcas que detectamos nesta seção revelam um modo de circulação dialógica do escrevente pelo *caráter escritural* da tradição oral presente nos gêneros *contos de fadas* e *lendas*. Essas marcas relacionam-se a dois aspectos desse caráter escritural da oralidade: a) a temporalidade indefinida da tradição oral organizada naqueles gêneros; b) a configuração seqüencial dos fatos narrados. O primeiro aspecto está materialmente configurado pelo uso do "era uma vez" – no início de vários textos – e de seus correspondentes "[e viveram felizes] *para sempre*" e "[dizem que] *até oje*" – no final de alguns textos. Quanto ao segundo aspecto, percebemos que a seqüenciação se dá pelo uso de *e* e de *aí* (e seu equivalente *então*). Esse uso não se dissocia do recurso da repetição, bastante freqüente nos textos, que aparece ora como estratégia argumentativa, ora como mecanismo de organização textual.

No que se refere à discussão que temos proposto neste estudo, a detecção das marcas lingüísticas possibilita-nos confirmar algumas suposições que havíamos formulado: como o gesto de recontar de que tratamos é constituído em relação aos gêneros *contos de fadas* e *lendas*, os textos produzidos pelos escreventes remetem à tradição oral em que se plasmaram esses gêneros. Essa remissão individua-se pelo fato de o escrevente articular, em seu texto, dois planos distintos de enunciação: ao mesmo tempo que remete à tradição oral, tenta representar o que supõe ser a situação concreta de enunciação, acreditando estar ela plasmada no registro gráfico. Há, portanto, duas interlocuções pelas quais o escrevente circula: a tradição oral e a institucionalização dessa tradição por meio do evento de letramento escolar *Recontando histórias,* no qual os gêneros *contos de fadas* e *lendas*, uma vez escolarizados e apresentados sob forma escrita, são o horizonte enunciativo possível para a prática de produção escrita.

Como a institucionalização da tradição oral por meio da escola estabelece um lugar particular para a escrita, cabe detectar, por fim, as marcas lingüísticas que se relacionam ao que é suposto como *propriamente escrito*, tanto em seu caráter *genético* quanto em seu caráter *institucionalizado*. Já nos utilizamos brevemente dessa distinção, proposta por Corrêa (*op. cit.*), na análise referente ao caráter escritural da oralidade. O objetivo da análise a seguir é ampliar algumas considerações já feitas na seção anterior. Que não se estranhe, portanto, a recorrência de alguns aspectos já apresentados na análise anterior.

4.2.2. Marcas que indiciam a circulação dialógica pela institucionalização da tradição oral por meio da escrita e da escola

4.2.2.1. O escrito em seu caráter *genético*

Organizamos, nesta seção, as marcas que mostram a tentativa do escrevente de plasmar, no registro gráfico, elementos da situação mais concreta de enunciação. Segundo Corrêa (*op. cit.*, p. 167), o caráter *genético* da escrita relaciona-se a um certo modo de percebê-la como "recurso para registrar graficamente (e de maneira exaustiva) as marcas da materialidade fônico-pragmática do oral–letrado". O escrevente explora a escrita, portanto, nos limites de sua (da escrita) suposta capacidade de representação integral do oral–falado. São dois os aspectos (complementares) dessa exploração da escrita em sua suposta gênese: a) a dissolução das fronteiras entre os planos do narrado e da situação de enunciação narrativa, ocasião em que se produz o efeito de presentificação do interlocutor; b) a transcodificação, no registro gráfico, de traços articulatórios do plano do falado.

A dissolução das fronteiras entre os planos do narrado e da situação de enunciação narrativa

A propósito do primeiro aspecto da exploração da escrita em sua suposta gênese, temos, na ocorrência a seguir, um exemplo bastante interessante do que Bakhtin abordou como *discurso indireto livre*, cuja particularidade é o fato "de o herói e o autor exprimirem-se conjuntamente, de, nos limites de uma mesma e única construção, ouvirem-se ressoar as entoações de duas vozes diferentes" (Bakhtin, 1979, p. 177).

> A madrasta de Branca de Neve explicou que ela queria vingança contra Branca de Neve por isso que ela *te* raptou. – Você aceita? Perguntou a madrasta(...)
> (Texto: "Chapeuzinho e suas aventuras".)

O uso de *te*, nesse contexto, revela, de certo modo, a dissolução das fronteiras entre o que é próprio dos fatos recontados e o que é próprio da enunciação narrativa concreta. Esse seria um caso bastante típico de um momento de maior expressividade na produção escrita, em que a criança "tenta representar graficamente um trecho de um discurso seu, que está elaborando no momento em que desenvolve uma atividade particular de escrita" (Silva, *op. cit.*, p. 37).

O final do texto "Missão em noite de lua cheia" é também indiciativo da dissolução das fronteiras entre o plano do narrado e o plano da enunciação narrativa. O texto desenvolve-se segundo um foco narrativo em primeira pessoa. No final, porém, faz-se referência a duas personagens, que seriam "os agentes secretos da polícia". Vejamos:

> Uma noite, quando eu estava indo para casa, ouvi uma coisa estranha e fui investigar.
> Eu vi um anão com um grandalhão, dizendo:
> – Conseguimos roubar o diamante, hehehe.
> – A polícia veio, o anão entrou num túmulo e o grandalhão tentou fugir, mas a polícia o prendeu.
> Eu fui para a casa dormir.
> No outro dia a polícia soube do anão, procuraram da manhã até a noite mas não acharam
> Quando amanheceu eu fui para o trabalho e vi o anão, fui avisar a polícia.
> Tiooooooooooooooomm... a polícia voltou com o anão.
> - Cócórócócó.
> *Mais uma aventura de Artur e Daniel: os agentes secretos da polícia.*
>
> FIM
>
> (Texto: "Missão em noite de lua cheia".)

O que essa ocorrência parece indiciar é a própria divisão enunciativa do sujeito–escrevente – se, por um lado, nessa seqüência, parece ser atribuída aos sujeitos a posição de personagens da história, por outro, nela se indicia a plasmagem, no registro gráfico, da situação concreta de enunciação, o que confere aos sujeitos a posição de enunciadores do texto, de seus *autores*. Fato similar aparece nas ocorrências a seguir, já consideradas em análises anteriores: ao enunciar *eu*, o escrevente tanto organiza a seqüenciação narrativa em torno de uma focalização em primeira pessoa quanto se coloca como enunciador concreto do que está sendo contado.

Daí que não basta enunciar *eu*: é preciso articular esse *eu* ao nome próprio passível de ser localizado como objeto de referência singular.

> Eu sou um guereiro muito valente e corajoso vou corta o rabo da cobra e liberta a índia do feitiço e *eu Jolbe* vou liber ta a india da noça terra. FIM
> (Texto: "A cobra grande".)

> Para Quebrar o fentiço que o caçador colocou na india precisa, pegar um facão e cortar o rabo da cobra grande, e depois liberta a indio do fentiço que o cassado colocou, *eu mesmo Fábio* vol cortar o rabo da cobra grande.
> (Texto: "Quebra o encanto da cobra grande".)

No que concerne à configuração do discurso direto nos textos, duas ocorrências similares nos chamam a atenção por também indiciarem momentos de grande expressividade na produção escrita do escrevente. Trata-se do modo pelo qual o escrevente introduz e retoma a fala das personagens no texto.

> E chapeuzinho amarelo começou a bater papo com o lobo e derrepente o lobo *disse*:
> – Para onde você vai? *Perguntou o lobo. Ela respondeu.*
> – Para lugar nem um. *respondeu Chapeuzinho.* A gente podia colher uns legumes e frutas – disse o lobo.
> (...)
> A madrasta de Branca de Neve explicou que ela queria vingança contra Branca de Neve por isso que ela te raptou. – Você aceita? Perguntou a madrasta *Chapeuzinho respondeu:*
> – Claro que não! *Respondeu Chapeuzinho.*
> (Texto: "Chapeuzinho Amarelo e suas aventuras".)

> Era uma vez uma garotinha que fazia aniversário neste mesmo dia, então estavam preparando sua festa de aniversário mais chegou *sua boneca e falou:*
> – Chapeuzinho não vem para essa festa porque ela está muito assustada.

– Ela estava brincando com os amigos e começou a tossir, *falou a Boneca!*
(...)
(Texto: "Chapeuzinho Amarelo".)

O que temos, nesse caso, é o que Bakhtin (1979 [1929], p. 128) designa como "fenômeno de transmissão da palavra de outrem". Jurado Filho (1993), ao analisar esse fenômeno em narrativas de alunos de quinta série do ensino fundamental, observa que

> o que mais fazem tais introduções e retomadas [de falas das personagens] é designarem a natureza das ações verbais que estão sendo realizadas pelas personagens. (...) O procedimento mais comum por meio do qual se designa a natureza desse tipo de ação é o de nomeá-la com verbos como *falar* e *dizer* ou, em menor escala, com verbos como *perguntar* e *responder*, relacionados de algum modo ao nome da personagem que executa as ações verbais (*id.*, p. 43).

Para o autor, "a transmissão da palavra de outrem é, antes de mais nada, a manifestação do enfoque próprio do narrador relativamente às ações verbais das personagens" (*id.*, p. 47). Trata-se, portanto, de uma "avaliação que resulta da atitude de distanciamento entre a instância da narração e a do narrado no sentido em que o narrador dá visibilidade a este último" (*id., ibid.*).

No caso das ocorrências que destacamos acima, elas estariam indiciando, ainda segundo o autor (*id.*, pp. 54-5):

> a) a opção por se destacar da ação apenas o fato de que é executada através da fala, generalização em que ficaria patenteado o domínio informal e não a falta de domínio (...) da noção de linguagem como ação; b) a não-relevância da explicitação de matizes significativos das ações verbais, na medida em que, segundo a ótica do narrador, a explicitação de tais matizes não contribuiria de modo decisivo para a condução da história e c) [que] o narrador poderia estar contando com a cumplicidade de seu leitor (...).

Na ocorrência a seguir, a representação do escrevente de que elementos da situação mais imediata de enunciação estejam plasmados no registro gráfico emerge na própria constituição da perspectiva narrativa: trata-se de uma perspectiva que coloca o emissor e o receptor como o centro em direção do qual a cena se desenvolve.

> Entam o lobo bateu na porta fingindo que era chapeusinho entam a vó foi atende ao lobo quando a vó abriu a porta o lobo engoliu a vó com tudo entrou na casa e se disfarçou co a ropa da vovó. *La vem chapeusinho* so com uma carreira com medo do lobo chegou na casa bateu na porta (...)
> (Texto: "Chapelzinho e o lobo".)

A tentativa de registro de elementos da situação mais imediata de enunciação pode configurar-se ainda como busca de envolvimento com o outro-interlocutor. No caso a seguir, a constituição do efeito de presentificação do interlocutor é indiciada, por exemplo, quando o escrevente assinala explicitamente que a história chegou ao fim, ocasião em que há um deslocamento do plano do contado para o plano daquilo que é representado como situação de enunciação.

> (...) *e dirrepete ela pego no sono e eles se pedero e emtaon acabo a estora A cobra Grade*
> (Texto: "A india que virou cobra".)

> (...) a parecel uma cobra e nós corremos para sima do prédio e então pegamos uma flecha e a pomtam mos para a cobra *a sim ter mina a istoria.*
> (Texto: "O encanto da cobra Màgica".)

A transcodificação, no registro gráfico, de traços articulatórios do plano do falado

Finalmente, no que se refere ao registro gráfico de traços fonético-prosódicos do falado, temos a seguinte ocorrência:

> (...) o rapais se *acordoue* e depoi de *tantomversa sabo* o que aconteseu?
> (...)
> (Texto: "O fentiso da cobra 2 o utimo conbate".)

O interessante é notar o movimento hesitante do escrevente: se num primeiro momento ele registra a aglutinação fonética de *acordou* e *e* e de *sabe* e *o*, compondo dois vocábulos fonológicos, logo em seguida ele reitera o uso de *e* e de *o*, percebendo que a convenção gráfica nem sempre corresponde à realidade fônica. Esse momento de hesitação parece indiciar o próprio planejamento do discurso, durante o qual o escrevente joga com múltiplas escolhas.

Na ocorrência a seguir, o que se verifica é a tentativa de registro gráfico de elementos prosódicos pelo uso não-convencional da pontuação:

> chegou na casa bateu na porta o lobo disse entre minha filinha! chapelzinho entrou(...)
> (Texto: "Chapelzinho e o lobo".)

Outra ocorrência que merece destaque diz respeito ao modo fragmentário de organização sintática dos fatos recontados, o que pode estar revelando o registro da imagem que o escrevente faz da escrita em sua suposta capacidade de representação integral do falado.

> vem um cassado amigo da vovó oviu um barulho o cassado peu sua espigarda foi ver o que era um lobo com barrigão o lobo caio no chão abriu a barroga e tirou a vóvo e chapeusinho da barriga do lobo.
> (Texto: "Chapelzinho e o lobo".)

4.2.2.2. O escrito como *código institucionalizado*

As ocorrências que situamos nesse item dizem respeito à circulação dialógica do escrevente pelo que ele representa como resposta à injunção institucional (e, nos termos que vimos tratando, instrucional) de *escrever bem*, o que acaba constituindo seu texto como uma *réplica* às convenções do código escrito – mais precisamente, do *código escrito institucionalizado*, conforme percepção de Corrêa (*op. cit.*).

Em um mesmo texto – "Os fantasmas" –, temos a circulação dialógica do escrevente por duas interlocuções: pelo caráter escritural da oralidade, conforme vimos pelo uso narrativo do conector *e* – mais típico dos relatos orais – e pelo caráter institucionalizado do *propriamente escrito*, indiciado pelo uso do tempo verbal composto, assinalado a seguir.

> Depois Gustavo foi pra casa feliz da vida porque *tinha sauvo* a casa.
> (Texto: "Os fantasmas".)

Há, ainda, ocorrências em que o uso do clítico – e o próprio modo de proceder a esse uso – indicia a tentativa do escrevente de atender à exigência institucional de utilizar a norma culta em eventos formais de produção escrita. Esse uso chama a atenção exatamente pelo fato de estar cada vez mais ausente no português falado/não-padrão do Brasil, sendo, no entanto, ainda recomendado em eventos escolares de produção da escrita.

> – Mas Chapeuzinho não vem para a sua próprio aniversário só por causa da tosse não depois da tossi ela ficou com medo de tudo até de andar para não cair e para não *pegá-la*.
> Então ela foi para cama dormir e teve um pesadelo.
> No pesadelo ela encontrou a mula cem cabeça a deusa da meleca e um lobo muito mau e todos queriam *assustá-la* mais ela estava perdendo o medo.
> (...)
> (Texto: "Chapeuzinho Amarelo".)
>
> Os caçadores *o* pegaram.
> (Texto: "Chapeuzinho Verde".)

4.2.3 Quadro-síntese da análise

O gesto de recontar nas marcas lingüísticas

Planos de circulação dialógica	Marcas lingüísticas
O caráter escritural presente na tradição oral em que se constituíram os gêneros *contos de fadas* e *lendas*	■ Remissão à temporalidade da tradição oral por meio do "Era uma vez". ■ Remissão a um modo particular de configuração narrativa, indiciado pelo uso: a) do *aí* (*então*) e do *e*; b) do recurso da repetição.
A institucionalização da tradição oral por meio da escrita e da escola	■ Remissão ao escrito em seu caráter genético por meio: a) da dissolução das fronteiras entre o plano do narrado e aquilo que é representado como situação concreta de enunciação; b) da tentativa de registro gráfico de traços prosódicos do falado. ■ Remissão ao escrito em seu caráter institucionalizado por meio de uma réplica à injunção institucional que especifica a norma culta como parâmetro para a produção escolar. Esse procedimento mostra-se no uso: a) do tempo verbal composto; b) do clítico.

4.2.4. Síntese complementar

Se considerarmos que as marcas lingüísticas que indiciam a circulação do escrevente pelo caráter escritural da oralidade se identificam, em muitos casos, com aquelas relativas à circulação pelo que o escrevente supõe como a escrita em sua suposta gênese, podemos confirmar que esses dois modos de circulação não emergem como absolutamente distintos. Trata-se de uma circulação intergenérica no gesto de recontar, por meio da qual o escrevente transita entre o que é próprio da tradição oral – e, portanto, dos gêneros *contos de fadas* e *lendas* – e o que é próprio da institucionalização dessa tradição por meio da escrita e da escola. Vemos, assim, um encontro entre as práticas sociais do letramento e sua reconstituição em eventos de produção escolar da escrita. Isso significa que não haveria gêneros absolutamente escritos em oposição a gêneros absolutamente orais. Cada vez que um gênero é posto em funcionamento, ele possibilita o aparecimento de um horizonte enunciativo em que se cruzam práticas letradas e o que a escola concebe como *propriamente escrito*. O gesto de recontar, ao trazer para o processo de sua constituição elementos da tradição oral organizados nos gêneros *contos de fadas* e *lendas* e, ao reconfigurar esses elementos segundo uma certa especificação do que é a escrita (tanto no que seria seu caráter *genético* quanto no que seria seu caráter *institucional*), deixa explícito o "reconhecimento de que o desdobramento de uma história, longe de obedecer apenas a uma seqüenciação lógico-temporal de eventos que se configuram como narrativa, obedece acima de tudo a um princípio que organiza o próprio modo ou a própria possibilidade de se configurarem eventos vistos como 'lógico-temporalmente' organizados" (Jurado Filho, *op. cit.*, p. 52). Esse princípio de organização parece ser constitutivamente heterogêneo, não apenas no sentido da mistura genérica que produz, mas também dos planos de circulação enunciativa que estabelece dentro de um mesmo gênero.

Capítulo 5   **Observações finais**

As considerações finais deste estudo podem ser – tal qual o objeto de que ele se ocupou – tomadas como um *gesto de recontar*. Recontaremos, para finalizar, o percurso das reflexões explicitadas neste estudo e as conclusões a que chegamos por meio da abordagem de textos produzidos por escreventes-alunos de segunda série do ensino fundamental.

O que designamos como *gesto de recontar* foi tomado como lugar de observação da relação que sujeitos-escreventes mantêm com a tarefa de produzir textos na escola. Concebemos esse gesto, portanto, nos limites das práticas escolares de produção da leitura e da escrita. Entre tais práticas, esse gesto emerge no que denominamos *Recontando histórias*, evento particular de produção escolar da escrita. Da caracterização desse evento enunciativo emergiu a suposição inicial de que ele colocaria em cena gêneros discursivos em referência aos quais os escreventes-alunos produziriam seus textos. O primeiro problema, então, decorreu dessa suposição e se referiu às condições de possibilidade de se considerar o conceito de gênero na caracterização da relação sujeito–linguagem escrita no evento de que nos ocupamos. A propósito, fez-se necessário, inicialmente, explicitar o percurso por que têm passado os estudos sobre escrita nos últimos vinte anos no Brasil e como o conceito de gênero ganha relevância nesse percurso. Dada a concisão do percurso que apresentamos, apontamos como necessária a sistematização desses estudos por meio de trabalhos de fôlego que assinalem suas principais tendências teórico-metodológicas.

Tendo em vista aquela suposição inicial, foi pelo recurso à reflexão bakhtiniana que se tornou possível estabelecer as bases teóricas e metodológicas para a abordagem da escrita escolar infantil. Chegar a uma conceituação de gênero segundo a reflexão de Bakhtin exigiu a recusa de uma outra conceituação, a que define gênero tão-somente pelas características internas de um texto, o que leva à fórmula mecanicista: dadas certas características formais imanentes, um texto seria um exemplar de um gênero X ou Y. Essa fórmula exclui dos gêneros o que é o próprio móvel de sua constituição sócio-histórica: o sujeito que enuncia e sua inscrição em enunciações sócio-historicamente definidas.

Nosso movimento teórico inicial foi, então, conceituar gênero discursivo segundo uma perspectiva enunciativo-discursiva, o que nos possibilitou considerá-los *modos de organização do acontecimento enunciativo, plasmados em formas mais ou menos estáveis de enunciados*. Garantiu-se, por essa conceituação, um aspecto tão caro a Bakhtin quando de sua abordagem do problema dos gêneros: o caráter instável–estável constitutivo do gênero discursivo, decorrente de sua inscrição sócio-histórica nas várias esferas da atividade humana.

O conceito de gênero por que optamos abriga, portanto, tanto a noção de *processo* enunciativo de constituição do sentido e do sujeito quanto a de *produto* – interpretado como a materialização daquele processo em formas mais ou menos estáveis de enunciados. Em outros termos, falar dos gêneros como *produto* só é possível, a nosso ver, por meio da consideração do processo enunciativo em que eles se constituem, não havendo, desse modo, nenhuma possibilidade de dicotomização da relação *processo–produto*. É nesse sentido que se justifica nossa opção por ter analisado os textos como *indícios* do processo enunciativo que produziu as condições de seu aparecimento.

Apreender os gestos enunciativos indiciados nos textos foi possível graças a um modo particular de abordar tais textos, definido nos limites do que tem sido denominado *paradigma indiciário*. O método indiciário determinou não somente um modo particular de encarar as pistas lingüísticas – elas seriam *indícios* da relação escrevente–escrita –, como também um modo de compreender a constituição do sujeito que reconta – ele é singular não porque é um objeto empírico passível de uma localização singular que permanece sempre a mesma, mas porque *se singulariza* nas condições de enunciação que constitui e em que é constituído. A propósito desse modo de encarar a constituição do sujeito, foi indispensável para nosso estudo o conceito de *circulação dialógica*, advindo da reflexão bakhtiniana sobre o *dialogismo* como princípio constitutivo da linguagem e ampliado pelo conceito de *circulação imaginária*, como concebido por Sercovich, por Pêcheux e, dados os objetivos que buscamos atingir, principalmente por Corrêa.

Não nos bastou, portanto, reconhecer que existem gêneros que supostamente emergem do evento *Recontando histórias*, mas compreender *os modos* de circulação do escrevente por esses gêneros, circulação que, por ser *dialógica*, explicita gestos de recontar marcados pela remissão ao que poderíamos chamar de uma *memória de contar*. Dessa última seria constitutiva a tradição oral em que se plasmaram historicamente gêneros como *contos de fadas* e *lendas*. Além disso, seriam também dela constitutivos os modos de escolarização das práticas orais e escritas, que aparecem materializadas especialmente no gênero *instruções para a atividade de produção escrita*. Assim, a circulação do escrevente, em seu gesto de recontar, não se circunscreve às condições de enunciação exteriores à escola – como as que engendraram gêneros constituídos na tradição oral –, tampouco às condições institucionalizadas de enunciação, como se a escola pudesse ter o controle absoluto das práticas discursivas do sujeito, sem qualquer possibilidade de fissura no sistema de injunções institucionais que ela estabelece por meio, por exemplo, do gênero escolarizado que citamos – *instruções*.

Por outro lado, supor que existam gêneros que ganham um certo funcionamento no evento *Recontando histórias* tornou necessária a própria caracterização desse evento. Tomando-o como um evento de *letramento escolar*, procedemos à explicitação dos gestos enunciativos de que se constitui. Definir os limites etnográficos em que aparece, na escola, esse evento evitou que o tratássemos somente como relação mecanicista entre *quem conta, o que se conta* e *quem reconta*. Fugindo desse trinômio, em geral concebido como estanque, pudemos compreender que o evento de que tratamos, embora guarde regularidades que garantem sua especificidade diante de outras atividades de produção escolar da escrita, guarda uma organização que é flexível, o que decorre de várias condições: os gêneros que nele são postos em funcionamento não são dados *a priori*; as instruções que o regulam mantêm a ambigüidade entre a *injunção a dizer* e o *dizer de modo diferente*; os alunos podem desconhecer que *devem* supostamente recontar, produzindo textos sem nenhuma remissão intertextual aos textos colocados como referência para o gesto de recontar; os alunos podem ainda mesclar em seus textos tanto aspectos do plano do oral–letrado – em que se localiza a constituição de gêneros como *contos de fadas* e *lendas* – quanto os mais próximos do plano do falado–escrito – espaço de reconfiguração narrativa (por meio da escola e da escrita) daqueles gêneros; entre outras condições.

Determinar o funcionamento mais geral do evento *Recontando histórias* foi imprescindível para a delimitação metodológica deste estudo, uma vez que nos permitiu centrar nossa atenção em dois gestos: a) o atribuído ao professor, quando *conta* a história e quando tenta estabelecer o direcionamento que a atividade de recontar deve tomar – gesto organizado no gênero *instruções para a atividade de produção escrita*; b) o gesto de recontar dos alunos, ocasião em que circulam tanto pelo gênero *instruções* quanto pelos gêneros, no caso particular deste estudo, *contos de fadas* e *lendas*. Como não existe delimitação absoluta entre os gêneros no evento *Recontando histórias*, percebemos que, ao circular por *instruções*, os escreventes já estão, de certo modo, circulando por aqueles outros dois gêneros, na medida em que as instruções, já em sua constituição, pretendem apresentar uma certa interpretação dos textos-base.

A respeito, ainda, dos gêneros *contos de fadas* e *lendas*, foi possível observar que, em seu processo de constituição, eles organizam duas ordens de condições de enunciação: a) a que está ligada historicamente à produção e a circulação de histórias na tradição narrativa, caracterizada pelo modo coletivo e oral de transmissão de experiências; b) a que se liga à reconstituição dessa tradição narrativa em um contexto particular – a escola – e por intermédio de uma forma de registro específica – a escrita.

Foi com base nessas duas ordens de condições que acreditamos que os gêneros *contos de fadas* e *lendas* organizam, desde sua constituição na tradição narrativa oral, gestos de contar histórias. Mas não apenas isso: diríamos que esses gêneros organizam também gestos de *recontar histórias*. Como contar histórias, segundo Benjamin (*op. cit.*, p. 205), é a "arte de contá-las de novo", a questão ficou sendo que funcionamento adquirem os contos de fadas e as lendas quando imbricados com o gesto escolar de recontar.

A tarefa de compreender essa questão foi possível pela apropriação que fizemos da distinção entre gêneros *escolares* e gêneros *escolarizados*. Sem ter pretendido, como muito freqüentemente se costuma fazer, atribuir um caráter negativista a tudo o que passa a ser *escolarizado* – o que, a nosso ver, aponta para uma visão essencialista que desconhece a existência histórica da instituição escolar –, procuramos conceber aquela distinção como modo produtivo de abordar os gêneros *contos de fadas* e *lendas*: eles foram considerados gêneros *escolarizados* que organizam o gesto escolar de recontar histórias. As rubricas *contos de fadas* e *lendas*, tais como utilizadas neste estudo, não se confundiram com seu modo de circulação em outros contextos de investigação, como os estudos literários.

Admitir que esses gêneros são *escolarizados* não implica, como nossa análise pretendeu mostrar, que eles apareçam como absolutamente novos quando inseridos no evento escolar *Recontando histórias*. Na verdade, foi exatamente seu intrincamento no gesto escolar de recontar que nos possibilitou, na abordagem desses gêneros, detectar e caracterizar as pistas indiciadas nos textos dos alunos. Essas pistas são indícios da circulação do escrevente por dois planos complementares de relação dialógica: a) a tradição oral, no *caráter escritural* que a constitui e que está presente em gêneros como *contos de fadas* e *lendas*; b) a institucionalização dessa tradição por meio da escrita e da escola, levando os escreventes-alunos a representarem de um certo modo o *propriamente escrito*, ora tomando-o em sua suposta capacidade de registro integral do falado – em sua *gênese* –, ora em seu caráter *institucionalizado*.

Constituindo-se conjuntamente nesses dois planos de circulação dialógica, surge o gênero *instruções*, cujo papel central no evento de que tratamos regula a própria possibilidade de histórias serem recontadas na escola. O papel regulador das instruções não se reduz a estabelecer constrições insuperáveis ao gesto de recontar: pudemos ver que os escreventes, por intermédio de sua circulação por esse gênero, podem produzir efeito tanto de *captação* do texto-base quanto de *subversão* desse texto – para usar a distinção proposta por Maingueneau. Tanto um quanto o outro modo de remissão aos textos-base estão atravessados pela retomada de elementos que não se localizam somente na tradição narrativa, mas na ação cotidiana, o que explica o aparecimento de outras referências intertextuais no gesto de recontar, tais como as relativas ao imaginário lúdico infantil – *subir em árvores, brincar de ladrão e bandido, simular ser herói* etc. – e as relativas à linguagem escrita materializada em outros meios que não os livros – *os filmes de ação, os desenhos animados* etc.

Utilizar esses três gêneros sob a perspectiva do evento *Recontando histórias* fez-nos delinear o que, a princípio, era uma percepção esparsa: a idéia da narratividade como um princípio enunciativo, cuja particularidade, no caso do evento de que nos ocupamos, tem a ver com a produção de um efeito de referencialidade entre textos-base e textos produzidos pelos alunos. Esse efeito de referencialidade nem sempre aparece explicitamente na materialidade lingüística dos textos produzidos, o que orienta o olhar interpretativo do analista para indícios que, nos textos produzidos, nem sempre aparecem como evidências definitivas de um processo – o da produção da escrita – recuperado tal como ele supostamente se constituiu.

* * *

Para caracterizar, por fim, o que Franchi[1], em referência a Leibniz, chamou de *pouso provisório*, gostaríamos de destacar algumas contribuições que nos parecem emergir das reflexões expostas neste estudo.

Inicialmente, destacamos a interpretação que fizemos da formulação bakhtiniana sobre gênero discursivo. Não pretendendo que seja estabelecida como única interpretação possível dessa formulação, a que propusemos parece apresentar a vantagem de associar gênero a acontecimento enunciativo, fugindo, de um lado, das formulações que circunscrevem esse conceito a fatos que estariam suficientemente postos na e imanentes à superfície lingüística de textos considerados exemplares de um gênero particular e, de outro lado, evitando um reducionismo que se tem tornado freqüente quando da referência ao conceito de gênero em Bakhtin: isola-se o enunciado do autor que define gênero como "tipos relativamente estáveis de enunciados", sem nenhu-

1. Comunicação sobre a abdução nos paradigmas de investigação científica nas ciências da linguagem, por ocasião do Seminário "Reflexões sobre aquisição da escrita", realizado no IEL/Unicamp, no período de 25-26/9/1997.

ma preocupação em articular essa definição com conceitos fundamentais na reflexão do autor, como o conceito de *enunciado concreto* e o próprio conceito de *dialogismo*, sobre o qual parece centrar-se o pensamento bakhtiniano.

A conceituação de gênero discursivo que fizemos se, por um lado, não é inédita – até porque se baseia em um já-dito teoricamente sistematizado –, por outro, apresenta a vantagem de deixar explícita a possibilidade de se caracterizarem – como fizemos com o gênero *instruções* – outros gêneros que, tendo um funcionamento em práticas discursivas de diversas ordens, mereceriam uma apreensão mais sistemática. No que respeita às práticas discursivas escolares, caberia, por exemplo, buscar compreender os modos de constituição de gêneros que circulam tanto no espaço da sala de aula – como *anotações de aula, diário de classe, plano de aula* – quanto aqueles que circulam fora desse espaço – como *correspondência administrativa, mensagens via e-mail*. Além disso, caberia redimensionar a abordagem de certos gêneros que, uma vez escolarizados, adquirem, por hipótese, um funcionamento particular, como *entrevistas em sala de aula, jornal escolar* etc.

Outra contribuição decorrente de nossas reflexões diz respeito à caracterização que fizemos do chamado evento *Recontando histórias*. Embora tomada em função da delimitação metodológica deste estudo e do que foi possível recuperar da prática pedagógica com que estivemos envolvidos, a caracterização que fizemos mostra ser possível e adequado proceder ao contorno etnográfico de outras atividades de produção escolar da escrita, tal qual a que se constitui no início de cada aula, em que o professor solicita aos alunos que contem o que lhes teria acontecido no final de semana, como modo de incentivar os alunos para a aula.

Finalmente, caracterizar os modos de circulação dialógica dos escreventes por meio da apreensão dos indícios discretamente linearizados em seus textos, além de ter possibilitado compreender a relação sujeito–gêneros no gesto de recontar, aponta para reflexões relevantes do ponto de vista teórico, o que traz inevitáveis implicações pedagógicas.

Em termos teóricos, a análise dos textos nos permitiu confirmar a suposição de que não há razões para se postular uma delimitação absoluta entre os gêneros. O caráter de mistura que deles é constitutivo leva, em termos pedagógicos, à necessidade de se redimensionar a própria tipologização textual que circunscreve todo e qualquer texto nos domínios do que a escola toma como *narração*, *descrição* e *dissertação*, estando a primeira reservada ao ensino da escrita nas séries iniciais e a última a níveis mais avançados de escolarização. Essa tipologização textual, associada à idéia de progressão no ensino da escrita, emerge como um paradoxo: ao mesmo tempo que a escola considera que a criança não pode dissertar, solicita, em exercícios de *Interpretação do Texto*, resposta a questões do tipo "Dê sua opinião sobre a história", "O que você achou da história" etc. Por outro lado, aquela mistura coloca questões relevantes do ponto de vista da prática científica: não há razões para se crer na possibilidade de linearização, por meio de uma análise que se pretenda objetiva, da não-linearidade constitutiva dos enunciados da escrita infantil. A tentativa de interpretação que fizemos, pela organização dos textos escritos segundo modos diversos de circulação dos escreventes pelos gêneros *instruções*, *contos de fadas* e *lendas*, não pretendeu ser a única possível da relação escrevente-que-reconta–linguagem. Pelo contrário, trata-se de uma interpretação que adquire a estabilidade particular e constitutiva da própria prática de produção de saber, não havendo, portanto, segundo o lugar teórico-metodológico em que situamos nosso estudo, como postular uma caracterização definitiva e absoluta dos dados da escrita escolar infantil.

O encontro, organizado pelos gêneros, de práticas discursivas mais próximas do oral com aquelas mais próximas do escrito, levaria ao reconhecimento de que o papel organizador dos gêneros é constitutivamente heterogêneo – para retomar ainda uma vez a reflexão de Corrêa. Justifica-se, então, a necessidade de se pôr em questão a dicotomização entre gêneros da escrita e gêneros da oralidade. A idéia da existência de um *continuum* genérico pode relativizar as posturas pedagógicas que reduzem a função da escola ao ensino do que se concebe como escrita, conceito que traz muito claramente a especificação da norma culta e do registro formal como parâmetros de ensino–aprendizagem.

O gesto de recontar, por sua vez, concebido como gesto enunciativo que tem a particularidade de produzir um efeito de referencialidade, representou um lugar produtivo para se pôr em questão a perspectiva de certos estudos sobre narrativas que reduzem o gesto de narrar a registro direto do vivido, não problematizando a relação sujeito que reconta e linguagem. Apreender o gesto de recontar como gesto enunciativo possibilitou-nos tomá-lo também como registro da leitura do aluno e, em conseqüência, como gesto interpretativo por excelência. Em termos pedagógicos, adotando esse procedimento, evitaríamos a fragmentação das práticas de ensino da escrita, já que redimensionaríamos aqueles modelos de atividade cujo início parece ser a oralização de um texto e o final a chamada *compreensão* ou *interpretação* do texto.

Um último item dessas reflexões diz respeito a como a escola pretende lidar com o aparecimento de modos de acesso à informação sobre os quais ela não tem um controle completamente institucionalizado. Gêneros como *mensagens via Internet* no *bate-papo virtual* ou até os já bem conhecidos gêneros ligados à linguagem cinematográfica e aos quadrinhos não podem ser desconsiderados pela escola em sua tentativa de ensinar a escrever. Caso contrário, corre-se o risco de interpretar a remissão dos textos escritos pelos alunos a gêneros que funcionam fora da escola como: a) *desejável*, porque supostamente apontaria para a valorização da *criatividade* do aluno; b) *indesejável*, já que estaria indo de encontro à vontade da escola de que o aluno *diga* do modo como ela ensinou e sempre do mesmo modo.

Acreditamos serem essas as contribuições que decorrem das reflexões que buscamos explicitar neste estudo. Da mesma forma que a *provisoriedade da sistematização* é constitutiva do conceito de gênero que propusemos, cremos que ela o seja também em se tratando das reflexões expostas neste estudo – não no sentido de que rapidamente elas possam perecer, mas no sentido de que têm uma dinâmica que convoca outros dizeres para o debate tão antigo e, ao mesmo tempo, tão novo sobre a questão dos gêneros. A esse respeito, muitas histórias ainda podem e devem ser recontadas. Nosso texto é somente uma reentrância desse tecido cheio de *já-ditos*, *não-ditos* e *ditos-por-dizer* que constitui toda prática de produção de saber.

Bibliografia

ABAURRE, M. B. M. (1996). "Os estudos lingüísticos e a aquisição da escrita". In: CASTRO, M. F. P. de (org.). *O método e o dado no estudo da linguagem*. Campinas: Editora da Unicamp.

_____ et al. (1992). *A relevância teórica dos dados singulares na aquisição da linguagem escrita*. Campinas: Instituto de Estudos da Linguagem – Unicamp (Projeto Integrado de Pesquisa – CNPq).

_____ et al. (1995). "Considerações sobre a utilização de um paradigma indiciário na análise de episódios de refacção textual". *Trabalhos em lingüística aplicada 25*. Campinas: Unicamp/IEL, pp. 5-33.

_____ (1999). *Subjetividade, alteridade e construção do estilo*: relação entre estilos dos gêneros e estilos individuais. Campinas: Instituto de Estudos da Linguagem – Unicamp (Projeto Integrado de Pesquisa – CNPq).

BAKHTIN, M. (Volochinov, V. N.) [1929] (1998). "La construcción de la enunciación". In: *¿Qué es el lenguaje? La construcción de la enunciación. Mas allá de lo social. Un ensayo sobre la teoría freudiana*. Buenos Aires: Editorial Almagesto, pp. 43-78.

_____ (1979). *Marxismo e filosofia da linguagem*: problemas fundamentais do método sociológico na ciência da linguagem. São Paulo: Hucitec.

_____ (1997). "Os gêneros do discurso". In: *Estética da criação verbal*. São Paulo: Martins Fontes, pp. 277-326.

BENJAMIN, W. (1994). "O Narrador – Considerações sobre a obra de Nikolai Leskov". In: *Magia e técnica, arte e política* – ensaios sobre literatura e história da cultura. São Paulo: Brasiliense, pp. 197-221.

BETTELHEIM, B. (1995). *A psicanálise dos contos de fadas*. Rio de Janeiro: Paz e Terra.
BOPP, R. (1978). *Cobra Norato e outros poemas*. Rio de Janeiro: Civilização Brasileira.
BRONCKART, J.-P. (1998). "La transposition didactique: histoire et perspectives d'une problématique fondatrice". *Pratiques*, n.os 97-98. Metz: Cresef.
BUARQUE, C. (1985). *Chapeuzinho Amarelo*. 9. ed. Rio de Janeiro: Berlendis & Vertecchia Ltda.
CALIL, E. (1995). *Autor(ia)*: (e)feito de relações inconclusas. Tese de Doutorado em Lingüística. Campinas: Instituto de Estudos da Linguagem – Unicamp.
CARON, M. F. *et al.* (2000). "A produção acadêmica sobre aquisição e ensino da escrita". In: *Estudos Lingüísticos XXIX*. São Paulo: GEL, pp. 492-7.
CASCUDO, L. da C. (1984). *Literatura oral no Brasil*. Belo Horizonte: Ed. Itatiaia; São Paulo: Edusp.
CASTRO, M. F. P. de (org.) (1996). *O método e o dado no estudo da linguagem*. Campinas: Ed. da Unicamp.
CHAFE, W. L. (1985). "Linguistic Differences Produced by Differences between Speaking and Writing". In: OLSON, D. R. e al. (orgs.). *Literacy, Language, and Learning*: the Nature and Consequences of Reading and Writing. Cambridge: Cambridge University Press, pp. 105-23.
CHACON, L. (1998). *Ritmo da escrita*: uma organização do heterogêneo da linguagem. São Paulo: Martins Fontes.
CORRÊA, M. L. G. (1997). *O modo heterogêneo de constituição da escrita*. Tese de Doutorado em Lingüística. Campinas: Instituto de Estudos da Linguagem – Unicamp.
COSTA, S. R. (1995). *A construção do letramento escolar*: um processo de apropriação de gêneros. Tese de Doutorado em Lingüística Aplicada ao Ensino de Línguas – LAEL. São Paulo: Pontifícia Universidade Católica.
DOLZ, J. e SCHENEUWLY, B. (1996). "Genres et progression en expression orale et écrite – eléments de réflexions à propos d'une expérience romande". In: *Enjeux*, Namur/Belgique: CEDOCEF, pp. 31-49.
FOUCAULT, M. (1996). *A ordem do discurso*. São Paulo: Edições Loyola.
FRANCHI, C. (1992). "Linguagem – atividade constitutiva". *Cadernos de Estudos Lingüísticos 22*. Campinas: Unicamp/IEL, pp. 9-39.
FRANÇOIS, F. (1996). *Práticas do oral* – Diálogo, jogo e variações das figuras do sentido. Carapicuíba: Pró-Fono.

FREEDMAN, A. e MEDWAY, P. (1994). "Locating Genre Studies: Antecedents and Prospects" (orgs.). In: *Genre and the New Rhetoric*. London: Taylor & Francis, pp. 1-20.
GAGNEBIN, J. M. (1994). "Prefácio". In: BENJAMIN, W. *Magia e técnica, arte e política* – ensaios sobre literatura e história da cultura. São Paulo: Brasiliense.
GERALDI, J. W. (1996a). "A prática escolar sob escrutínio". In: *Anais do VIII Endipe* – Encontro Nacional de Didática e Prática de Ensino. Florianópolis: NUP/CED/UFSC. v. II, pp. 27-47.
_____ (1996b). *Linguagem e ensino:* exercícios de militância e divulgação. Campinas: Mercado de Letras – ALB.
GINZBURG, C. (1989). "Sinais: raízes de um paradigma indiciário". In: *Mitos, emblemas, sinais* – morfologia e história. São Paulo: Companhia das Letras, pp. 143-79.
GOMES-SANTOS, S. N. (2002). "Algumas tendências dos estudos sobre gênero discursivo na pesquisa acadêmica brasileira". In: "Leitura: teoria e prática". *Revista da Associação de Leitura do Brasil (ALB)*. Campinas, n.º 38, pp. 13-32.
JURADO FILHO, L. C. (1993). "Tradição narrativa e ação cotidiana na explicitação de atos de fala em narrativas de escolares". In: *ALFA 37*. São Paulo: Educ, pp. 43-57.
KOCH, I. (1997). *O texto e a construção dos sentidos*. São Paulo: Contexto, pp. 59-110.
KOSTENBAUM, A. B. (1993). *Sobre a narrativa do sonho*. Tese de Doutorado em Lingüística. Campinas: Instituto de Estudos da Linguagem – Unicamp.
LEMOS, C. T. G. de (1988). "Coerção e criatividade na produção do discurso escrito em contexto escolar: algumas reflexões". In: SÃO PAULO – Secretaria de Estado da Educação. Coordenadoria de Estudos e Normas Pedagógicas. *Subsídios à proposta curricular de língua portuguesa para o 1º e 2º graus*. São Paulo: SE/CENP, v. 3, pp. 71-7.
_____ (1992). "Prefácio". In: PERRONI, M. C. (1992). *Desenvolvimento do discurso narrativo*. São Paulo: Martins Fontes, pp. IX-XVIII.
LIMA, F. A. de S. (1985). *Conto popular e comunidade narrativa*. Rio de Janeiro: Funarte/Instituto Nacional do Folclore.
MACHADO, A. R. (1998). *Diário de leituras*. São Paulo: Martins Fontes.
_____ (1999). *Ensino–aprendizagem de produção de textos na universidade:* a descrição dos gêneros e a construção de material didático. São Paulo: (mimeo).
_____ et al. (1999). "Descrições de gêneros, didática de línguas e formação de professores". *Estudos Lingüísticos XXVIII*. Bauru: GEL, pp. 93-100.

MAGNANI, M. do R. M. (1989). *Leitura, literatura e escola* – subsídios para uma reflexão sobre a formação do gosto. São Paulo: Martins Fontes.
MAINGUENEAU, D. (1989). *Novas tendências em análise do discurso.* Campinas: Pontes/Ed. da Unicamp.
_____ (2002). *Retour sur une catégorie:* le genre. Comunicação durante o colóquio internacional "Catégories descriptives pour le texte", Dijon, França.
MATHIEU-CASTELLANI, G. (1984). "La notion de genre". In: DEMERSON, G. (org.). *La notion de genre à la Renaissance.* Genève: Editions Slatkine.
NETO, J. B. (1999). "Sentidos e sentidos literais". In: *Estudos Lingüísticos XXVIII.* Bauru: GEL, pp. 55-64.
OLIVEIRA, P. B. de (1998). "O papel da instrução na elaboração de textos narrativos por crianças de séries iniciais". *Estudos Lingüísticos XXVII* – Anais de Seminários do GEL. São José do Rio Preto: GEL, pp. 763-8.
PALTRIDGE, B. (1997). *Genre, Frames and Writing in Research Settings.* Amsterdam/Philadelphia: John Benjamins Publishing Company.
PÊCHEUX, M. (1993). "A análise de discurso: três épocas" [1969]. In: GADET, F. e HAK, T. (orgs.). *Por uma análise automática do discurso* – uma introdução à obra de Michel Pêcheux. Campinas: Ed. da Unicamp, pp. 311-9.
_____ (1990). *O discurso, estrutura ou acontecimento.* Campinas: Pontes.
_____ (1995). *Semântica e discurso* – uma crítica à afirmação do óbvio [1975]. Campinas: Ed. da Unicamp.
PEREIRA, M. F. (1994). "A compreensão do discurso narrativo pela criança". In: *Letras de Hoje.* Porto Alegre: EDIPUCRS, v. 30, n.º 4, pp. 239-48.
PIRES DE OLIVEIRA, R. (1999). "Metáfora e literal: práticas de sentido". *Estudos Lingüísticos XXVIII.* Bauru: GEL, pp. 71-81.
POSSENTI, S. (1993). *Discurso, estilo e subjetividade.* São Paulo: Martins Fontes.
_____ (1999a). "Notas sobre o sentido da expressão 'sentido literal'". *Estudos Lingüísticos XXVIII.* Bauru: GEL, pp. 65-70.
_____ (1999b). "O sujeito e a distância de si e do discurso". *Estudos Lingüísticos XXVIII.* Bauru: GEL, pp. 156-61.
PRADO, G. do V. T. (1999). *Documentos desemboscados* – conflito entre o gênero do discurso e a concepção de linguagem nos documentos curriculares de ensino de língua portuguesa. Tese de Doutorado em Lingüística Aplicada. Campinas: Instituto de Estudos da Linguagem – Unicamp.

ROJO, R. (s/d). *Interação em sala de aula e gêneros escolares do discurso*: um enfoque enunciativo. São Paulo (mimeo).

_____ (1999). *Modos de transposição dos PCNs às práticas de sala de aula*: progressão curricular e projetos. São Paulo (mimeo).

_____ (2001). "A teoria dos gêneros em Bakhtin: construindo uma perspectiva enunciativa para o ensino de compreensão e produção de textos na escola". In: BRAIT, B. (org.). *Estudos enunciativos no Brasil* – histórias e perspectivas. Campinas: Pontes/São Paulo: Fapesp, pp. 163-85.

SALEH, P. B. de O. (1999). "O conceito de representação e os estudos sobre aquisição de narrativas". *Estudos Lingüísticos XXVIII*. Bauru: GEL, pp. 630-35.

SÃO PAULO – Secretaria de Estado da Educação (1988). Coordenadoria de Estudos e Normas Pedagógicas. *Subsídios à proposta curricular de língua portuguesa para o 1º e 2º graus*. São Paulo: SE/CENP, v. 3.

SECRETARIA DE ENSINO FUNDAMENTAL (1998a). *Parâmetros Curriculares Nacionais* – terceiro e quarto ciclos do ensino fundamental: introdução. Brasília: MEC/SEF.

_____ (1998b). *Parâmetros Curriculares Nacionais* – terceiro e quarto ciclos do ensino fundamental: Língua Portuguesa. Brasília: MEC/SEF.

SERCOVICH, A. (1977). "Los procesos discursivos y el registro imaginario – iconicidad, teoría semiótica y psicoanálisis". In: *El discurso, el psiquismo y el registro imaginario* – Ensayos semióticos. Buenos Aires: Ediciones Nueva Visión, pp. 11-54.

SILVA, A. da (1991). *Alfabetização* – a escrita espontânea. São Paulo: Contexto.

SMOLKA, A. L. B. (1988). *A criança na fase inicial da escrita* – a alfabetização como processo discursivo. São Paulo: Cortez.

_____ (1991). "A prática discursiva na sala de aula: uma perspectiva teórica e um esboço de análise". In: *Cadernos CEDES 24* – Pensamento e linguagem: estudos na perspectiva da psicologia soviética. Campinas: Papirus/Cedes, pp. 51-65.

SOARES, M. (1989). *Alfabetização no Brasil* – o estado do conhecimento. Brasília: INEP/REDUC.

SOUZA, A. L. de (1996). *Contos de fada*: Grimm e a literatura oral no Brasil. Belo Horizonte: Ed. Lê.

ZILBERMAN, R. (1988). *A leitura e o ensino da literatura*. São Paulo: Contexto.

ZOPPI-FONTANA, M. (1991). "Signo ideológico *versus* interação". In: *Cadernos CEDES 24* – Pensamento e linguagem: estudos na perspectiva da psicologia soviética. Campinas: Papirus/Cedes, pp. 44-50.

Cromosete

IMPRESSÃO E ACABAMENTO

GRÁFICA E EDITORA LTDA.
Rua Uhland, 307   Vila Ema
03283-000   São Paulo   SP
Tel./Fax (11) 6104.1176
E-mail cromosete@uol.com.br